大山《だいせん》（大仙陵《だいせんりょう》）古墳《こふん》

全長486メートル、三重の周濠をもつ前方後円墳。日本に20万基以上あるといわれる古墳のなかで最も大きく、仁徳天皇陵に比定されている。

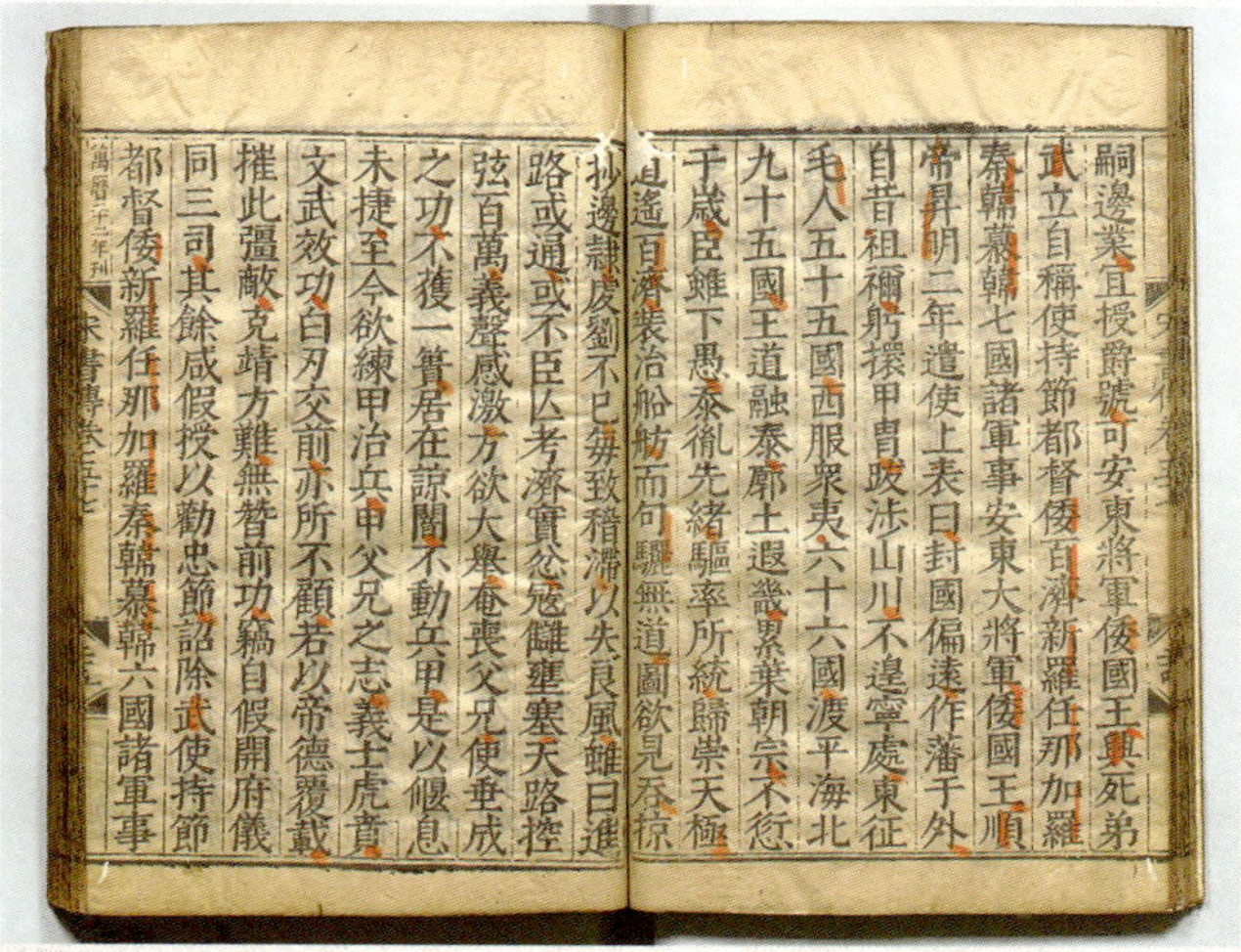

嗣邊業宜授爵號可安東將軍倭國王興死弟
武立自稱使持節都督倭百濟新羅任那加羅
秦韓慕韓七國諸軍事安東大將軍倭國王順
帝昇明二年遣使上表曰封國偏遠作藩于外
自昔祖禰躬擐甲冑跋涉山川不遑寧處東征
毛人五十五國西服衆夷六十六國渡平海北
九十五國王道融泰廓土遐畿累葉朝宗不愆
于歳臣雖下愚忝胤先緒驅率所統歸崇天極
道遙百濟装治船舫而句驪無道圖欲見呑掠
抄邊隷虔劉不已毎致稽滯以失良風雖曰進
路或通或不臣亡考濟實忿寇讎壅塞天路控
弦百萬義聲感激方欲大擧奄喪父兄使垂成
之功不獲一簣居在諒闇不動兵甲是以偃息
未捷至今欲練甲治兵申父兄之志義士虎賁
文武效功白刃交前亦所不顧若以帝德覆載
摧此彊敵克靖方難無替前功竊自假開府儀
同三司其餘咸假授以勸忠節詔除武使持節
都督倭新羅任那加羅秦韓慕韓六國諸軍事

『宋書《そうじょ》』

中国南北朝時代の王朝・宋の史書。488年完成。「夷蛮伝」倭国の条に、倭の五王による遣使の記録が残されている。（国立公文書館 蔵）

広《こう》開《かい》土《ど》王《おう》碑《ひ》拓本《たくほん》

高句麗の第19代国王・広開土王（好太王）の功績を讃えるために建立された石碑の拓本。左から2番目の面に、朝鮮半島における倭の動きが記されており、4世紀を知る貴重な史料となっている。（お茶の水女子大学 蔵）

鉄製《てつせい》の武器《ぶき》・防具《ぼうぐ》

奈良盆地南部にある新沢千塚古墳群から出土した5世紀頃のものとみられる鉄製の刀や甲冑。日本に鉄器生産をもたらしたのは朝鮮半島から渡来した人々だった。（橿原考古学研究所附属博物館 蔵）

広《こう》開《かい》土《ど》王《おう》碑《ひ》

広開土王碑は中国吉林省集安市にある。1880年頃に再発見され、解読が進められるなか、旧日本軍による改竄があったともいわれた。

沖《おき》ノ《の》島《しま》

玄界灘に浮かぶこの孤島では、古来、航海の安全や外国との交流の成就、国家安泰を祈る祭祀が行なわれてきた。（写真提供：宗像大社）

純金製指輪《じゅんきんせいゆびわ》

高度な技術を要する花文様と円文があしらわれており、気品に満ちた輝きを放つ。（宗像大社 蔵）

祭祀跡《さいしあと》

島内の巨岩群からは20ヶ所以上の祭場の遺跡が発掘されている。（写真提供：宗像大社）

三角縁神獣鏡《さんかくぶちしんじゅうきょう》

古代中国の神話に登場する神仙や霊獣の文様を表した鏡。祭祀に用いられた。（宗像大社 蔵）

稲荷山《いなりやま》古墳出土《こふんしゅつど》の鉄剣《てっけん》

全長 73.5 センチの表裏に、合計 115 字の銘文が刻まれている。そのなかにみえる「獲加多支鹵大王」は倭の五王のひとり、「武」に比定される雄略天皇である可能性が高い。（さきたま史跡の博物館 蔵）

七支刀《しちしとう》

百済からもたらされた全長約 75 センチの鉄剣。身の左右に 3 本ずつの枝刀がついているところからこう呼ばれる。表裏に刻まれた 61 文字の銘文は 4 世紀後半の国際関係を示す貴重な史料となっている。（石上神宮 蔵）

図説

『日本書紀』と『宋書』で読み解く！

謎の四世紀と倭の五王

瀧音能之
［監修］

青春新書
INTELLIGENCE

はじめに

古代日本で国家建設が完了するまでの歴史は、いまだ解明されていないことが多い。なかでも四世紀から五世紀の間は、史料がほとんど残っておらず、あまりに多くのことが謎のベールに包まれたままになっている。

律令《りつりょう》国家になる前の日本（当時は「倭《わ》」と呼ばれていた）で何が起こっていたかは、主に中国の正史に記されている。卑弥呼《ひみこ》が活躍していた三世紀は、ある意味では国際交流の盛んな時代であったため、『魏志《ぎし》』「倭人伝《わじんでん》」などに朝貢《ちょうこう》の記録が残された。

しかし、その後しばらくすると日本は国際舞台から離れ、中国の文献史料にほとんど姿をみせなくなる。日本の四世紀はすっぽりと抜け落ちてしまっているのだ。「謎の四世紀」とか「空白の世紀」と呼ばれるゆえんである。

当時日本では、日本初の王朝とされるヤマト政権が誕生し、次第に権力を確立していたが、誕生の物語も発展の過程も、史料が乏しいせいでよくわからない。八世紀に編纂《へんさん》された日本の正史である『古事記《こじき》』『日本書紀《にほんしょき》』（「記《き》・紀《き》」）には、日本の建国の物語が記されている。しかしながら、「記・紀」は創作された部分があったり、政治的な意図が含まれていたりすることから、記述内容をそのまま鵜呑《うの》みにすることはできない。

そして「謎の四世紀」を経て五世紀になると、日本は再び中国の正史に登場する。「倭《わ》の五王《ごおう》」と呼ばれるヤマト政権の大王《おおきみ》たちが、中国へ使いを送るようになったからである。その背景では、ヤマト政権内の事情や東アジア世界の情勢の変化などが複雑に絡《から》み合っていたと思われるが、それを具体的に読み解くことは容易でない。

本書は「謎の四世紀」と、それに続く「倭の五王」の時代（五世紀）にスポットを当て、図版や写真を交えて解説している。通史や「記・紀」の記述に加え、近年明らかになった事実や、未解明の謎を多数取り上げ、各時代の動きを追った。テーマ的には決して新しいものではなく、むしろ以前から取り上げられてきたものである。しかし、それではすでに解決済みの問題かというと、そのようなことは決してない。その意味では、古くて新しい問題といえるであろう。

本書を通じて四・五世紀の日本列島および東アジア世界の動向を考え、日本の成り立ちの「今」を見通していただければ、監修者としてはこの上ない喜びである。

二〇一八年六月　　瀧音能之

図説『日本書紀』と『宋書』で読み解く！　謎の四世紀と倭の五王●目　次

第二章　ヤマト政権の国内統一　

第三章　朝鮮半島への進出と巨大古墳　85

第四章　倭の五王と東アジア世界　121

写真提供／桜井市教育員会、桜井市立埋蔵文化財センター、古代出雲歴史博物館、宮崎県観光協会、霧島市観光協会、大神神社、お茶の水大学、橿原考古学研究所、橿原考古学研究所附属博物館、宗像大社、石上神宮、国立公文書館、さきたま史跡の博物館、太田市教育委員会、アフロ、フォトライブラリー、pixta、fotolia

図版・DTP／ハッシイ

序章

謎の四世紀と倭の五王の実像

序章
謎の四世紀と倭の五王の実像

空白の世紀

一七〇〇年前の日本で何が起こっていたのか

●謎のベールに包まれた四・五世紀

日本の古代史は、じつに多くの謎に満ちている。そのなかで最大級のものとしてあげられるのが、四世紀と五世紀にまつわる謎である。

古代日本の姿は中国の史書に記されているが、『三国志《さんごくし》』のなかの『魏志《ぎし》』「倭人伝《わじんでん》」などに二六六年の邪馬台国《やまたいこく》の記事が登場して以降、約一五〇年にわたり姿を消してしまう。この史料から欠落した時期を「謎の四世紀」「空白の世紀」などと呼ぶ。

「謎の四世紀」には邪馬台国が消えたり、ヤマト政権が成立したり、巨大な古墳が出現したり、朝鮮半島への出兵が行なわれるといった日本史上においてきわめて重大な動きが起こっていた。

もちろん、この時期に関する記述がまったくないわけではない。

たとえば、石上神宮《いそのかみじんぐう》に所蔵されている七支刀《しちしとう》や中国・吉林《きつりん》省集安《しゅうあん》市にある広開土王碑《こうかいどおうひ》(好太王碑《こうたいおう》)などから、当時の日本の様子をうかがい知ることができる。しかし、やはり史料の数は圧倒的に少なく、欠落した期間を埋めることは難しいのである。

本書では四世紀と五世紀にまつわる事項を多く扱っているが、本編に入る前にそこに至るまでの経緯と、当該期間の代表的な謎を紹介しておこう。

●邪馬台国はどうなったのか

紀元前三〜四世紀に弥生《やよい》時代が始まり、水田稲作が本格的に広まって農耕社会が形成されると、紀元前一世紀頃に一〇〇ほどのクニ（小国）が誕生した。クニの拠点となった集落では、周囲に水濠や空壕をめぐらせた環濠《かんごう》集落がみられるようになった。また、クニをまとめる首長《しゅちょう》は権威を誇示するため、大きな墳丘墓《ふんきゅうぼ》を築造し始めた。

しかし弥生時代中期以降、クニ同士の武力衝突が増え、弥生時代後期にあたる二世紀後半には戦乱が多くの地域に及んだ。『三国志』『後漢書《ごかんじょ》』などはこれを「倭国大乱《わこくたいらん》」と記しており、日本史上初の内乱とみる識者もいる。そうしたなかで登場したのが邪馬台国だ。

三世紀初め頃、三〇あまりの小国の首長たちが長引く戦乱をおさめるために協議を行ない、卑弥呼《ひみこ》を女王に担ぎ上げた。すると戦乱は終わり、平和が訪れたという。ここから邪馬台国は連合国家の盟主だったことがわかる。

卑弥呼については、日本の正史である『古事記《こじき》』と『日本書紀《にほんしょき》』(「記《き》・紀《き》」)にほとんど記載されていない。しかし、『魏志』「倭人伝」に「鬼道《きどう》に仕え、よく衆《しゅう》を惑わす」とあるため、巫女《みこ》的性格をもつ女性だったと考えられる。夫はなく弟が政治を補佐していた。二三九年には魏に使者を送り、魏の皇帝から「親魏倭王《しんぎわおう》」の称号などを与えられた。

三世紀半ば、邪馬台国は狗奴《くな》国と戦争状態にあったようで、そのさなかに卑弥呼は亡くなった。『魏志』「倭人伝」には「卑弥呼、以《もっ》て死す」としか記されておらず、死因はわからない。その後、男王が立つと再び戦乱が起こったが、壱与《いよ》(台与《とよ》)が女王となったことで争いはおさまったという。

この邪馬台国と卑弥呼に関する謎は多い。邪馬台国の場所は畿内《きない》か九州か、卑弥呼の正体は誰か、卑弥呼はなぜ死んだのか、そして何より、突如史書から消え去った邪馬台国の〝その後〟はどうなったのか……。ヤマト政権に発展した、逆にヤマト政権に滅ぼされたなどの説が唱えられているが、いまだ定説はない。

●ヤマト政権の誕生と全国統一

邪馬台国との関係が取りざたされるヤマト政権は三世紀末頃、大和《やまと》の地に成立したと考えられている。

『日本書紀』には紀元前六六〇年に初代神武《じんむ》天皇が即位し王朝が成立したと記されているが、その建国年の信憑性《しんぴょうせい》は薄い。第十代崇神《すじん》天皇の時代とされる三世紀末から四世紀初めがヤマト政権の本来の成立年代とみていいだろう。

ただし、ヤマト政権の頂点に君臨する大王《おおきみ》（天皇）の力は、最初のうちは日本全体を支配できるほど大きくはなかった。政権の実態は、各地の首長たちによる連合体制だったとみられている。

このヤマト政権については、そもそもどのように誕生したのかはっきりわからない。各地に存在した諸勢力のうち、大和の勢力が優位性を得られたのはなぜだったのか。また、ヤマト政権は第二十一代雄略《ゆうりゃく》天皇の時代に全国統一（九州から関東まで）を成し遂げたとされているが、なぜ日本全体をまとめることができたのか。巨大な前方後円墳《ぜんぽうこうえんふん》を次々に築造した目的は何か。このあたりも興味深い。

●倭の五王はどの天皇に相当するのか

四世紀、東アジアは戦乱の時代に突入した。それまでヤマト政権は中国や朝鮮半島と通交していたが、戦乱によって交渉が断絶し、中国の記録にも残されなくなった。

そして五世紀に入ると、「倭の五王」が中国南部に興った宋《そう》へ使節を送る。倭の五王とは「讃《さん》」「珍《ちん》」「済《せい》」「興《こう》」「武《ぶ》」の五人の王のことで、宋の史書『宋書《そうじょ》』には、彼らによる遣使《けんし》について記されている。ここで問題になるのが、五人の王がどの天皇に相当するのか、ということだ。

『日本書紀』の系譜などによれば、済と興と武がそれぞれ允恭《いんぎょう》天皇、安康《あんこう》天皇、雄略天皇に相当することは間違いないとされている。しかし残る二人、讃と珍については意見が分かれており判明していない。

倭の五王にまるわる謎は、これだけにとどまらない。そもそも、五人の王はなぜ宋に遣使したのか。

これはヤマト政権の朝鮮半島進出と深い関係にあり、謎を解くためには東アジア世界全体を見渡す視点が必要になる。

日本古代史に突如生じたミッシングリンク。史料が乏しく、さまざまな議論が飛び交う時代だが、それゆえに興味をそそられる時代でもある。ここに述べた謎に着目しつつ、この時代についてみていこう。

古代史年表

時代区分	西暦	出来事
縄文時代	一万二〇〇〇年前頃	縄文土器が使われ始める
	一万年前頃	海面が上昇し、日本列島が大陸から完全に分離する
	五〇〇〇年前頃	縄文文化が最盛期を迎える
	三〇〇〇年前頃	西日本で稲作が始まる
弥生時代	紀元前二世紀頃	鉄器や青銅器が日本に伝わる
	紀元前一世紀頃	多数のクニが形成される
	五七年	倭の奴国王が後漢に使節を送り、金印を与えられる
	一〇七年	倭の国王・帥升らが後漢に奴隷を送る
	二世紀後半	小国同士の争いが激化する（倭国大乱）
		卑弥呼が邪馬台国の女王になる
	二三九年	卑弥呼が魏に遣使する
	二四七年頃	卑弥呼が亡くなり、壱与（台与）が後継となる
弥生時代	二六六年	壱与が晋に使者を送る
	三世紀後半	大和地方で前方後円墳の築造が始まる
古墳時代	三世紀末	この頃、ヤマト政権が誕生する
	四世紀	ヤマト政権による全国統一が進む
	三六九年	百済で七支刀がつくられ、倭王に贈られる
	三九一年	倭が朝鮮半島に出兵する
	五世紀前半	倭の五王（讃・珍・済・興・武）による中国王朝（宋）への遣使が始まる
	五世紀半ば	巨大古墳が全国各地に築造される
	四七八年	倭王武（雄略天皇）が宋に遣使。宋への遣使はこれが最後となる
	五世紀後半	雄略天皇が亡くなる
	五〇七年	継体天皇が即位する
	五一二年	大伴金村が百済に加羅四県を割譲する
	五二七年	筑紫国造の磐井が北部九州で乱を起こす

歴代天皇の系譜

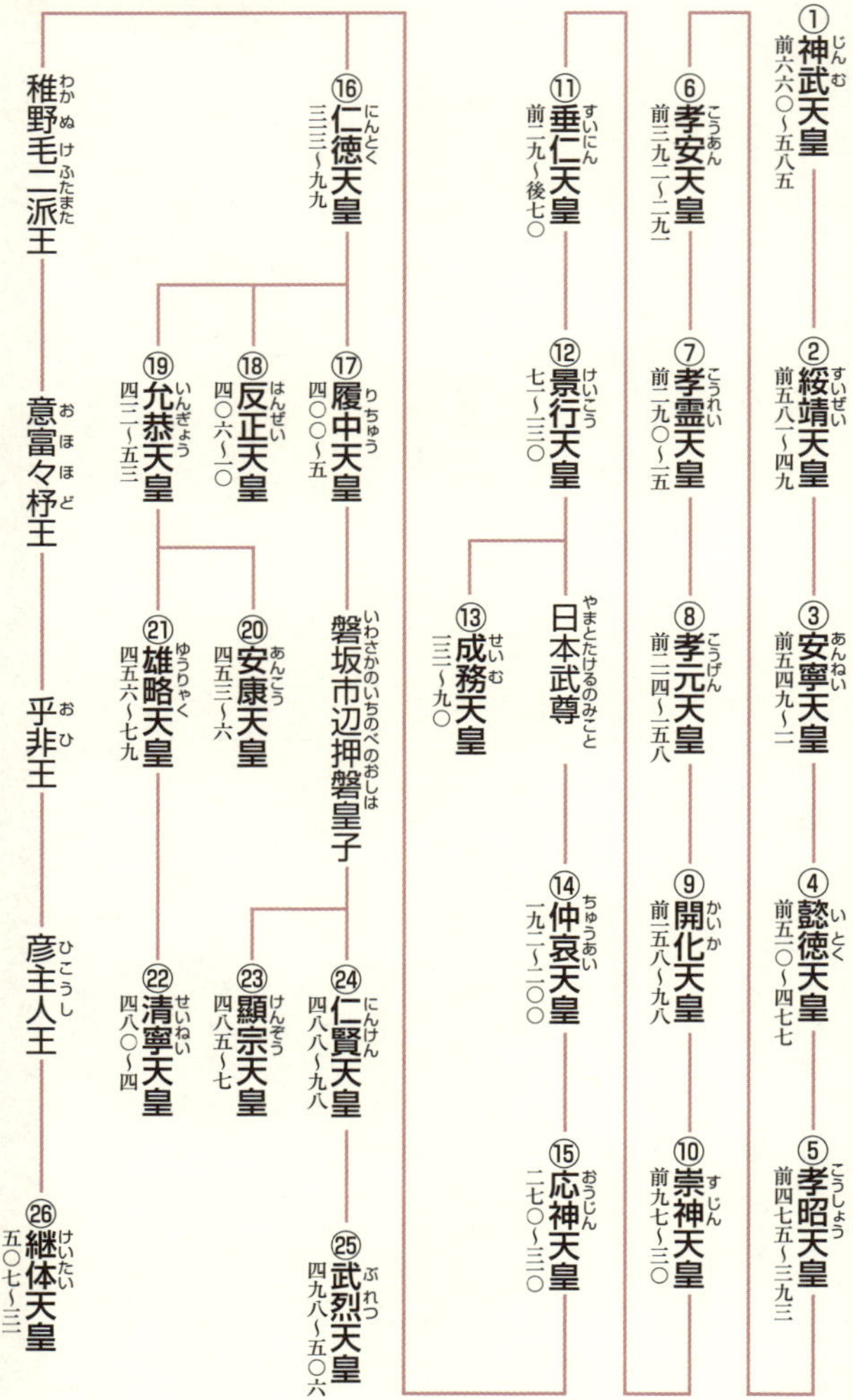
①神武《じんむ》天皇 前六六〇～五八五
②綏靖《すいぜい》天皇 前五八一～四九
③安寧《あんねい》天皇 前五四九～一一
④懿徳《いとく》天皇 前五一〇～四七七
⑤孝昭《こうしょう》天皇 前四七五～三九三
⑥孝安《こうあん》天皇 前三九二～二九一
⑦孝霊《こうれい》天皇 前二九〇～一五
⑧孝元《こうげん》天皇 前二一四～一五八
⑨開化《かいか》天皇 前一五八～九八
⑩崇神《すじん》天皇 前九七～三〇
⑪垂仁《すいにん》天皇 前二九～後七〇
⑫景行《けいこう》天皇 七一～一三〇
日本武尊《やまとたけるのみこと》
⑬成務《せいむ》天皇 一三一～九〇
⑭仲哀《ちゅうあい》天皇 一九二～二〇〇
⑮応神《おうじん》天皇 二七〇～三一〇
⑯仁徳《にんとく》天皇 三一三～九九
⑰履中《りちゅう》天皇 四〇〇～五
⑱反正《はんぜい》天皇 四〇六～一〇
⑲允恭《いんぎょう》天皇 四一二～五三
⑳安康《あんこう》天皇 四五三～六
㉑雄略《ゆうりゃく》天皇 四五六～七九
磐坂市辺押磐《いわさかのいちのべのおしは》皇子
㉒清寧《せいねい》天皇 四八〇～四
㉓顕宗《けんぞう》天皇 四八五～七
㉔仁賢《にんけん》天皇 四八八～九八
㉕武烈《ぶれつ》天皇 四九八～五〇六
稚野毛二派《わかぬけふたまた》王
意富々杼《おほほど》王
乎非《おひ》王
彦主人《ひこうし》王
㉖継体《けいたい》天皇 五〇七～三一

第一章
邪馬台国と纏向遺跡

第一章
邪馬台国と纒向遺跡

邪馬台国

東遷か滅亡か、卑弥呼が支配した大国のその後

●突如消えた邪馬台国の記述

『魏志《ぎし》』「倭人伝《わじんでん》」によると、邪馬台国《やまたいこく》の女王卑弥呼《ひみこ》は二四七年頃に亡くなった。その後、男王が立ったものの国が乱れたため、卑弥呼の親族の娘である十三歳の壱与《いよ》（台与《とよ》）が女王になり、国を治めた。二五〇年には魏に朝貢《ちょうこう》をしている。

さらに、魏に代わって興った西晋《せいしん》の歴史書『晋書《しんじょ》』「武帝紀《ぶていき》」は、二六六年に壱与が西晋に遣使したことを記している。しかし、これを最後に中国の史書から日本に関する記事が消えてしまう。次に登場するのは五世紀で、空白期間は約一五〇年に及んだ。

ここで問題になるのが、邪馬台国の行方である。

日本では約一五〇年間の空白期にヤマト政権が成立し、勢力を広げていたわけだが、邪馬台国はどうなってしまったのか。「記《き》・紀《き》」はヤマト政権の動向に関しては克明に記しているが、邪馬台国についてはまったく言及していない。

邪馬台国はいったいどこに消えたのか。ヤマト政権との関係はどのようなものだったのか――。この謎については、邪馬台国の所在地をどう考えるかによって見解が変わってくる。「九州説」をとる場合、「畿内《きない》説」をとる場合、それぞれについて検討していこう。

●九州説からみた邪馬台国のその後

邪馬台国が九州に存在したとするならば、主にふたつの説が考えられる。

ひとつは畿内で誕生し、勢力を拡大したヤマト政権に滅ぼされたという「西征《せいせい》説」である。ヤマト政権は三六九年に九州から朝鮮へ出兵している。したがって、そのときまでに邪馬台国は滅ぼされていたと推測できる。

もうひとつは「東遷《とうせん》説」。邪馬台国が九州から東へと勢力を拡大し、畿内まで制圧、ついにはヤマト政権を樹立したというものである。九州南部にあった狗奴国《くなこく》が邪馬台国を滅ぼし、その後東へ進出、畿内で新たな政権を打ち立てたという別バージョンもある。

東遷説の根拠として、東洋史学者の白鳥庫吉氏は卑弥呼と天照大神《あまてらすおおみかみ》の共通点を指摘している。卑弥呼と天照大神は両者ともに独身女性で弟がいた。天照大神が弟の乱暴な所業に怒って天岩屋戸《あまのいわやと》に閉じこもり、世界が暗闇に包まれるという伝承は、卑弥呼の死後、多くの人が争って死んだとされる内乱（倭国大乱《わこくたいらん》）の暗黒時代を想起させるというのだ。

考古学的な根拠もある。鏡や剣を副葬品として用いる風習や鉄器文化は、北部九州から畿内へと伝播《でんぱ》した。特に畿内では弥生時代末期、それまで祭祀《さいし》の中心だった銅鐸《どうたく》を一斉に破棄して、九州から流入してきた銅剣《どうけん》を取り入れている。これを畿内の銅鐸文化が九州の勢力に駆逐された、つまり東征があった証拠ではないかと考えるのである。

●畿内説からみた邪馬台国のその後

次に、邪馬台国が畿内に存在したとするならばどうだろうか。その場合、邪馬台国が発展してヤマト政権になったか、ヤマト政権そのものが邪馬台国ということになる。そして畿内説を支持する識者の多くは、奈良盆地に広がる纏向《まきむく》遺跡が邪馬台国の都だと考えている。遺跡内にある箸墓《はしはか》古墳を卑弥呼の墓と考える者も少なくない。

このように邪馬台国のその後の行方は、所在地によって大きく変わる。現在は畿内説のほうが優勢であるため、邪馬台国がヤマト政権へ発展したとする見解がより多くの支持を集めているが、まだ確定したわけではない。所在地論争が決着をみないかぎり、邪馬台国のその後も謎のままであり続けるのだ。

邪馬台国のその後をめぐる諸説（「九州説」の場合）

ヤマト政権西征説

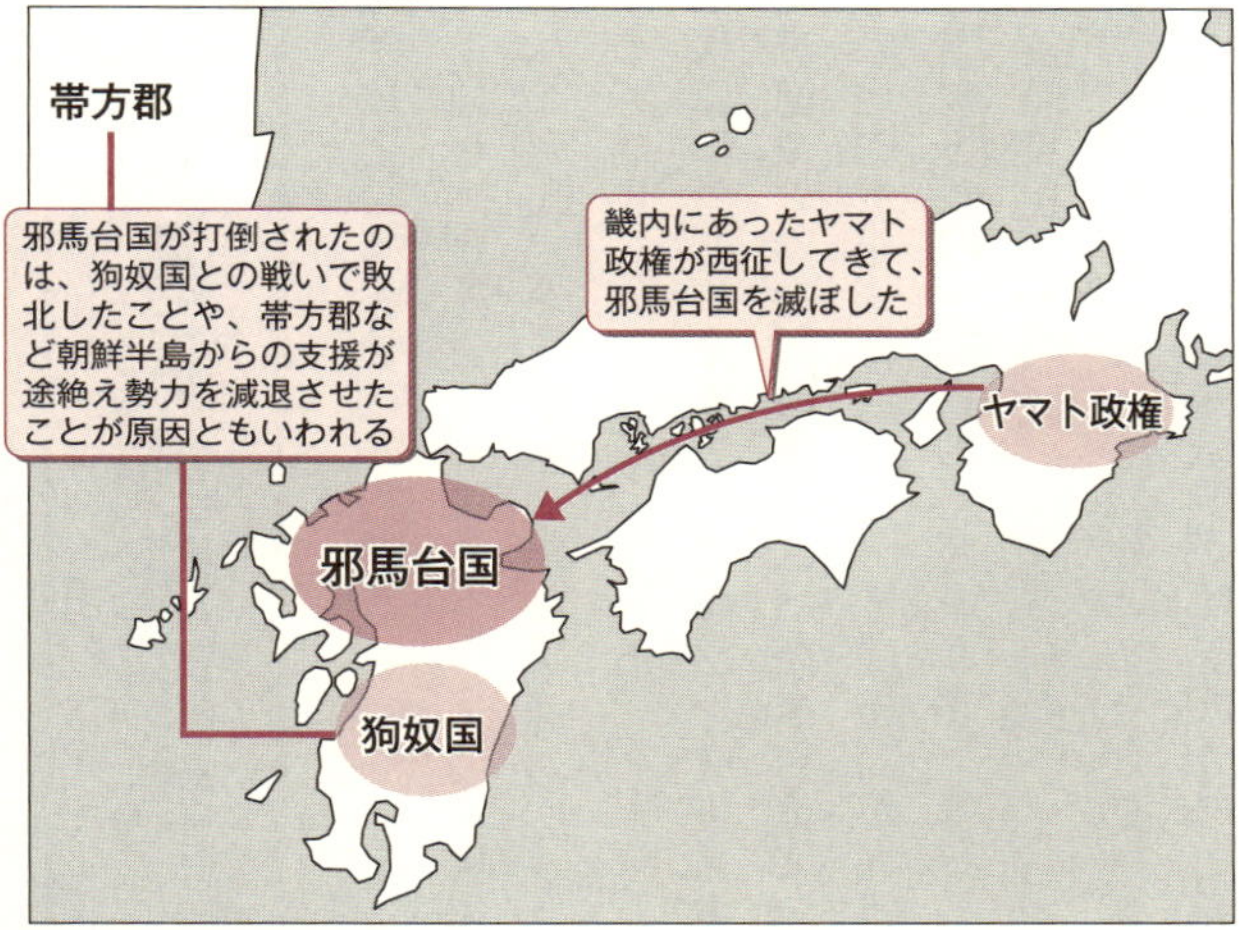

邪馬台国東遷説

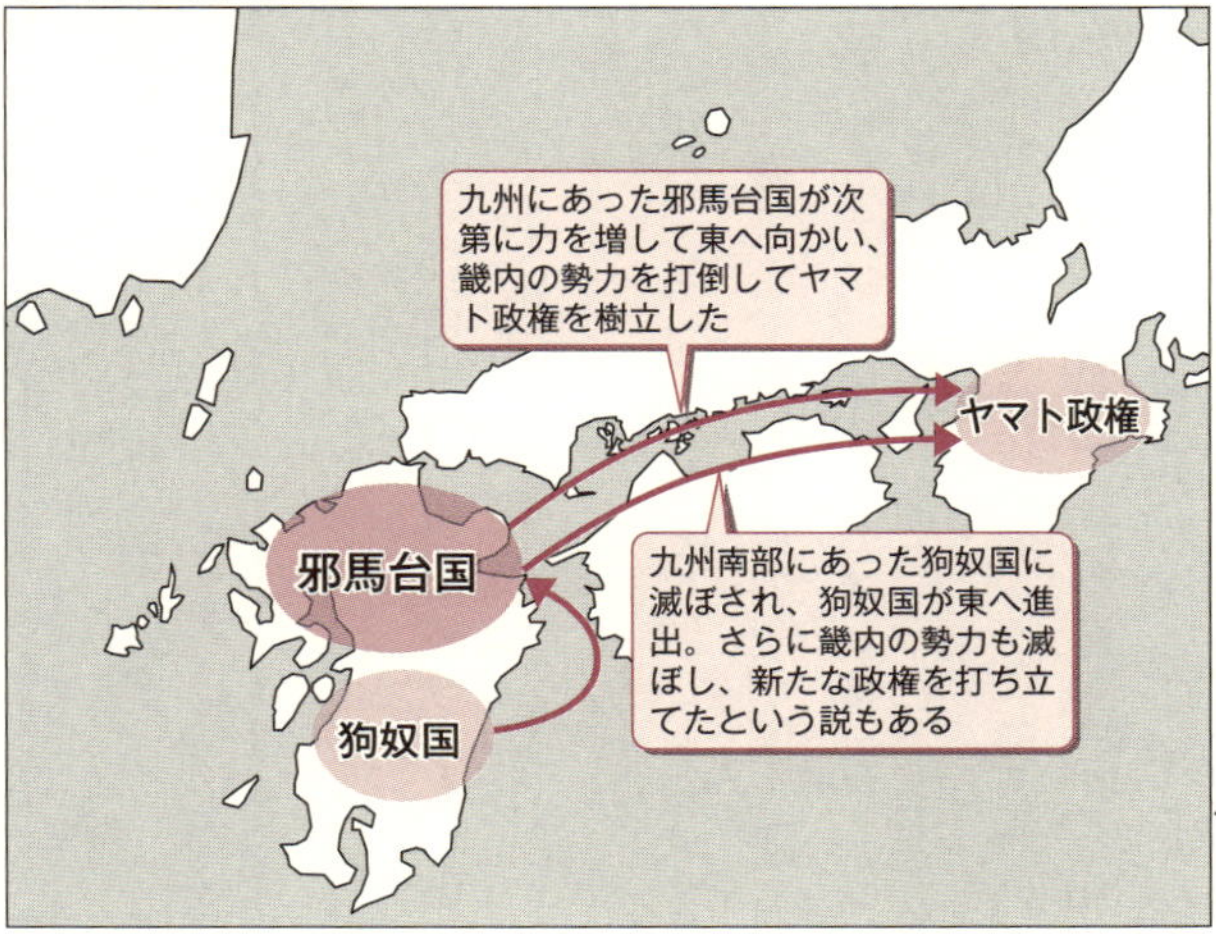

騎馬民族征服説

論戦を巻き起こした異端の学説

●歴史学会を驚愕させた民族学者

ヤマト政権の創始者は、東北アジアの騎馬《きば》民族だった——。第二次世界大戦後まもない一九四八（昭和二十三）年、民族学者の江上波夫氏によって衝撃的な学説が提唱された。いわゆる「騎馬民族征服説」である。

江上氏によると、東北アジアのツングース系騎馬民族が、朝鮮半島を南下してきて南端部に拠点をつくった。四世紀には海を越えて北部九州に侵入し、騎馬民族の王が国を建てる。その後四世紀末になると、王の後裔《こうえい》が九州から東へ向かい、畿内で日本列島の統一を目指すヤマト政権を樹立したという。

では、騎馬民族征服説の根拠は何か。まず、弥生時代から古墳時代前期までの文化と、古墳時代中期以降の文化が異なることがあげられる。古墳時代中期にあたる五世紀以降の古墳からは大量の武器や武具、馬具類が多く出土しており、大陸から渡来《とらい》した騎馬民族の

騎馬民族征服説の主な根拠

古墳時代中期、大陸から日本列島に騎馬民族がやってきて日本を支配した——。この騎馬民族征服説の根拠として、民族学者の江上波夫氏は次のような根拠をあげた

弥生時代から古墳時代前期までの文化と古墳時代中期以降の文化を比べると、明らかに違っている。古墳時代中期以降の文化は王侯貴族的・騎馬民族的なもので、その伝播状況が武力による支配を物語る

崇神天皇による四道将軍の派遣や応神天皇の時代のヤマト政権の発展など、「記・紀」に騎馬民族との関連性を想起させる伝承が残っている

影響をうかがわせる。これを江波氏は、日本が騎馬民族に征服された証であるとした。

崇神天皇と応神天皇は騎馬民族か

さらに江上氏は、「記・紀」などの文献も自説の根拠としている。最初に北部九州に侵入した騎馬民族の王は崇神《すじん》天皇で、のちに畿内へ東進した王は応神《おうじん》天皇だという。

崇神天皇は三世紀頃に在位した第十代の天皇である。「記・紀」には豊富な伝承があり、特に四道将軍《しどうしょうぐん》の派遣が知られている。『日本《にほん》書紀《しょき》』によると、崇神天皇は畿内だけでなく遠国も支配するため、大彦《おおひこ》を北陸に、武渟川《たけぬなかわ》別《わけ》を東海に、吉備津彦《きびつひこ》を西道（山陽）に、丹《たん》波道主《ばのみちぬし》を丹波（山陰）にそれぞれ派遣。四人はほどなく各地を平定し、支配地域を拡大した。この伝承は、ヤマト政権による全国統一を象徴化したものと考えられるというのである。

また、崇神天皇が戸口の調査を行ない調役《ちょうえき》を課したところ、豊作の年でもあったため、家々は栄えて天下が平穏になり、喜んだ人々が崇神天皇を「御肇国天皇《はつくにしらすすめらみこと》」と称したと伝わる。

ハックニシラススメラミコトとは、初めて国を統治した天皇という意味で、初代天皇の神武《じんむ》天皇も同じように称される。崇神天皇が第十代天皇であるにもかかわらず、ハックニシラススメラミコトと呼ばれるのはなぜか。その理由は、実在した初代天皇が崇神天皇であることを意味するからではないかと考えられている。

一方、応神天皇は第十五代天皇で、この天皇の時代にヤマト政権の勢力が飛躍的に伸長したとされている。『日本書紀』によると、渡来人が大挙して来日し、新しい技術や文化が日本にもたらされた時期の天皇でもある。

この崇神天皇と応神天皇について、江上氏は次のように述べている。すなわち瓊瓊杵尊《ににぎのみこと》が日向《ひむか》へ天下った天孫降臨《てんそんこうりん》の伝承は、崇神天皇率いる騎馬民族が北部九州に侵入して建国した歴史を反映したもので、神武天皇が東征の旅に出て大和の橿原宮《かしはらのみや》で即位したとする伝説は、応神天皇が九州から畿内へ進出した歴史を反映したものにほかならない。

崇神天皇による将軍の派遣

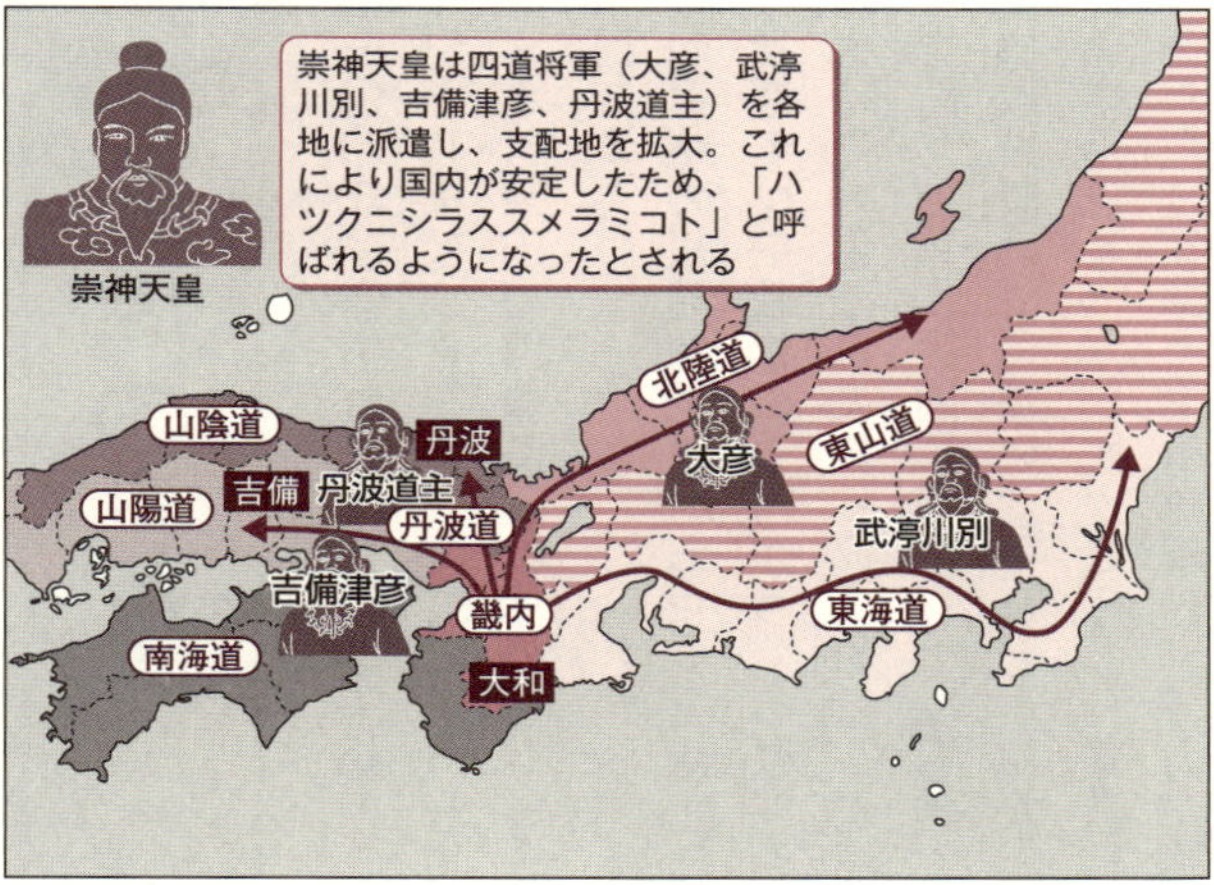

騎馬民族による日本征服はなかった

一時は歴史の教科書に掲載されるほど注目を集めた騎馬民族征服説だが、現代の学者のほとんどはこれを否定している。その理由はさまざまだ。

たとえば江上氏が騎馬民族征服の根拠とした武器や馬具などの出土品は、大陸との交流のなかでもたらされたものにすぎないとされる。また、そりの入った刀や馬甲《ばこう》・馬冑《ばちゅう》、去勢《きょせい》の文化など、騎馬民族特有のものが日本に伝わった痕跡がみられないことも否定説の根拠となっている。

騎馬民族征服説がロマンあふれる学説であることは確かだ。しかし、騎馬民族はこなかったというのが現在の通説といえるだろう。

纒向の王権

初期ヤマト政権は地方の首長による連合体制

●約一〇〇年間営まれた大規模な王都

ヤマト政権は三世紀にはすでに成立していたとされ、三世紀初めには奈良盆地南東部に位置する三《み》輪《わ》山《やま》の山麓に、政体の都というべき大規模な都市が出現した。それが現在の纒向遺跡である。

纒向遺跡の規模は東西約二キロ、南北約一・五キロ、総面積約三平方キロに及ぶ。この地に初期ヤマト政権の王宮がつくられ、およそ一〇〇年間栄えたと考えられている。

弥生時代の集落と大きく違うのは、環濠《かんごう》集落でないところだ。弥生時代の集落は外敵の侵入を防ぐために周囲に何重もの堀をめぐらせた環濠集落だったが、纒向遺跡は堀などの防衛施設を設けていない。それどころか、大和川から瀬戸内に通じる運河をつくり、外に開ける構造になっていた。こうした集落はクニ同士が争っている時代には建設しえないから、それだけ初期ヤマト政権の影響力が強かったのだろうと考えられる。

三輪山の麓につくられた纒向遺跡

ヤマト政権の影響力の大きさは、土器からもみてとれる。

纏向遺跡で発掘された土器の約一五～二〇パーセントを地方産の土器が占めており、その生産地は東海、伊勢、山陰、吉備《きび》、九州などに広がっている。

これほど広範囲からの土器が大量に出土する例は珍しく、纏向の地が交易網の中心地だったことがわかる。

また、大和では布留式《ふるしき》土器という土器がつくられていた。これは出雲《いずも》や吉備、伊勢などの高度な製陶技術を取り入れて生み出した薄手の土器で、短期間のうちに各地に伝わっている。その伝播のスピードもヤマト政権の影響力の大きさを反映している、と纏向学研究センターの寺沢薫氏が著書『日本の歴史02 王権誕生』（講談社）のなかで述べている。

●各地の墳丘墓の特徴を統合した前方後円墳

では、ヤマト政権はどのような体制になっていたのだろうか。初期ヤマト政権の実態については、古墳の形状をみるとよくわかる。

弥生時代には、共同体をまとめる首長《しゅちょう》の墳丘墓《ふんきゅうぼ》が各地につくられていた。墳丘墓とは土を盛り上げた墓のことで、東海では大きな四角形と小さな四角形をつなげた前方後方型《ぜんぽうこうほうがた》

地域ごとに異なる墳丘墓の形式

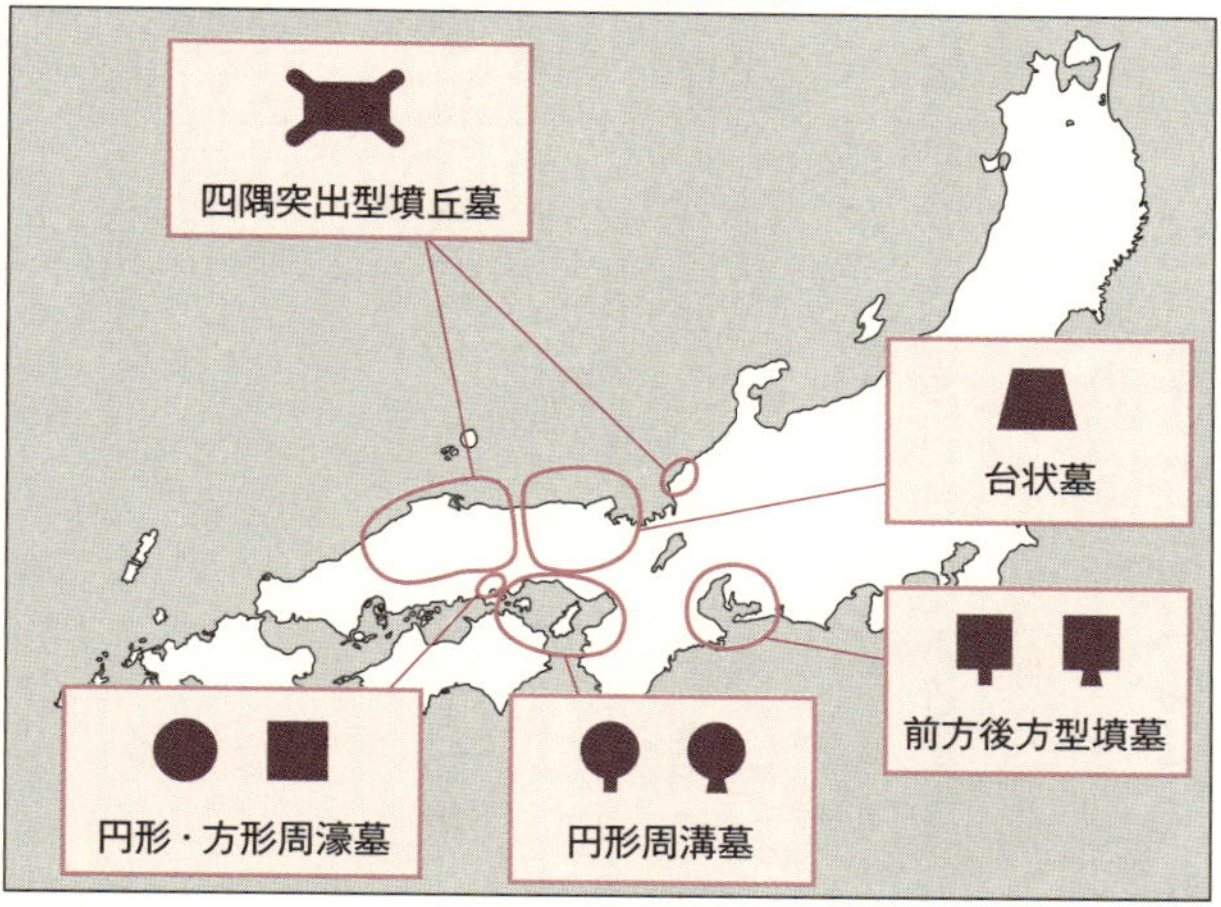

墳丘墓、吉備では特殊器台《とくしゅきだい》や特殊壺《とくしゅつぼ》を並べた円形や方形の周濠墓《しゅうごうぼ》、出雲では方形の隅《すみ》だけが四方に延びた四隅突出型《よすみとっしゅつがた》墳丘墓など、さまざまな形状がみられた。

しかし、古墳時代に入ると墳丘墓の多様性が失われ、前方後円墳《ぜんぽうこうえんふん》が次々に築かれるようになる。前方後円墳とは円形の墳丘と方形の墳丘を結合した形の古墳で、上空からみると鍵穴のような形をしている。纏向遺跡内にある箸墓古墳が最古とされる前方後円墳（三世紀後半）だ。

前方後円墳で興味深いのは、各地で築造されていた墳丘墓のそれぞれの特徴が取り込まれている点だ。たとえば、墳丘の表面を覆う葺石《ふきいし》は出雲の四隅突出型墳丘墓から、墳丘の上に立てて並べる埴輪《はにわ》は吉備の特殊器台から、前方後円の形やくり抜き式木棺《もっかん》は畿内（大和）の前方後円型墳墓からといった具合に、ひとつの前方後円墳が各地の墳丘墓の特徴を統合・巨大化してつくられている。そして、この前方後円墳が大和から各地に波及していったのである。

●前方後円墳をシンボルとする連合政権

各地の墳丘墓の特徴をまとめた前方後円墳が大和で生まれ、それがやがて各地に普及する――。ここから成立まもない頃のヤマト政権は、各地の首長による連合体制になっていたと考えられている。つまり前方後円墳という共通の墓制は、連合政権のシンボル的存在だったといえるだろう。

寺沢薫氏は先述の著書のなかで、初期ヤマト政権を明治新政府にたとえている。なるほど、薩長土肥《さっちょうどひ》四雄藩連合による維新《いしん》政権と初期ヤマト政権はよく似ている。

ただし、各地の首長は連合体制に参画した証として地元に前方後円墳を築く一方、前方後円墳以外の古墳も造営した。そのため、初期ヤマト政権はそれほど強固な体制ではなく、どちらかといえば緩やかな体制だったとも推測されるのである。

前方後円墳の構造

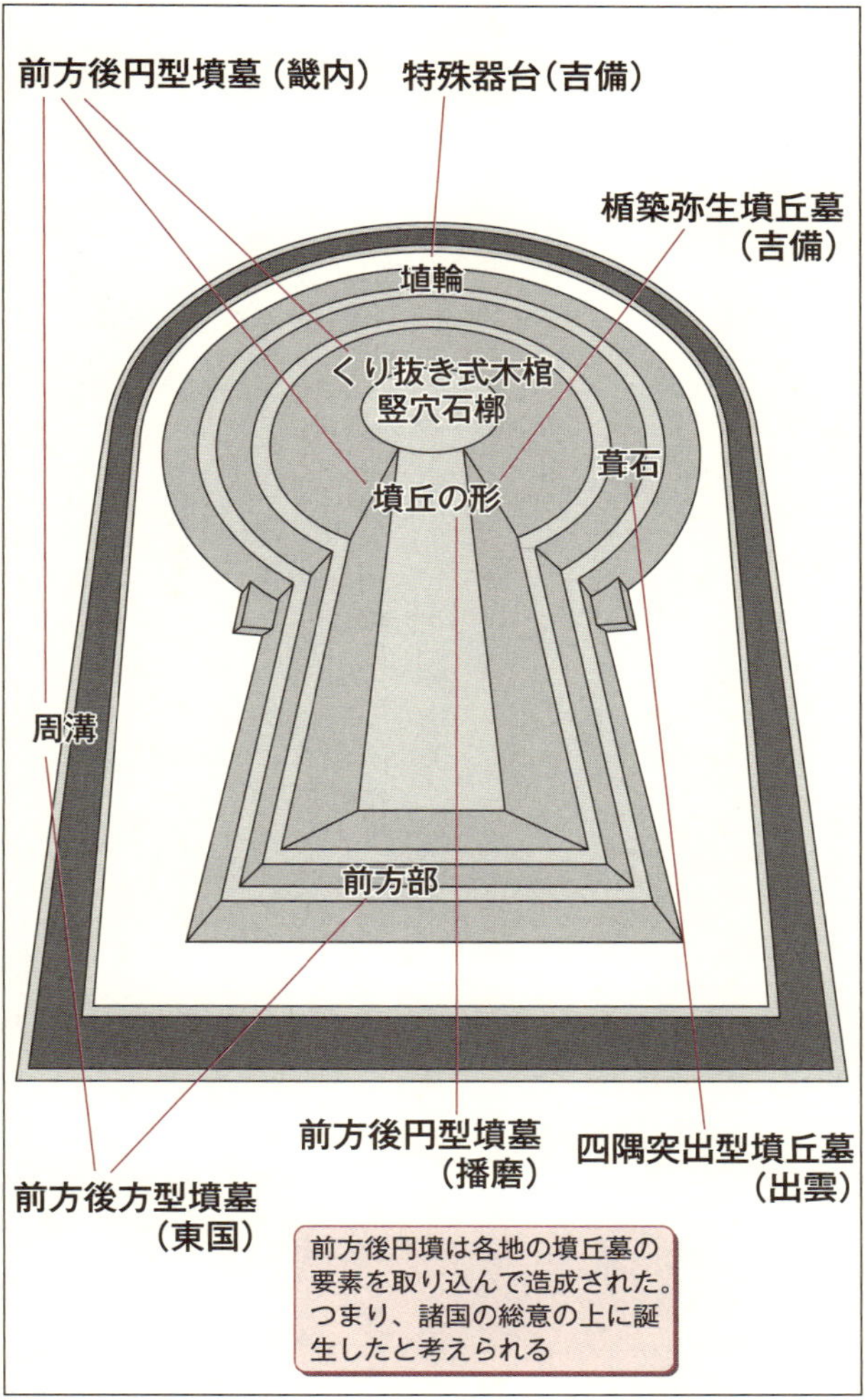
前方後円型墳墓（畿内）
特殊器台（吉備）
楯築弥生墳丘墓（吉備）
埴輪
くり抜き式木棺
竪穴石槨
葺石
墳丘の形
周溝
前方部
前方後円型墳墓（播磨）
四隅突出型墳丘墓（出雲）
前方後方型墳墓（東国）
前方後円墳は各地の墳丘墓の要素を取り込んで造成された。つまり、諸国の総意の上に誕生したと考えられる

第一章
邪馬台国と纒向遺跡

纒向遺跡

政権の中心地として栄えた最古の都市遺跡の全貌

●纒向遺跡は日本最古の都市か

初期ヤマト政権の中心地であった纒向の地。ヤマト政権の発祥地といわれるこの纒向遺跡について、纒向学研究センターの寺沢薫氏は「政権の政治的意図によって建設された、日本最初の都市ではないか」と著書『日本の歴史02 王権誕生』（講談社）のなかで指摘している。

日本最古の都市といえば、六九四年から七一〇年まで飛鳥《あすか》地方（現在の奈良県橿原《かしはら》市）で営まれた藤原京《ふじわらきょう》を想起する人が多いだろう。しかしながら、総面積約三平方キロにも及ぶスケールの大きさ、王権の政治と祭祀《さいし》の場であったこと、複数の運河が流れる交易網の中心地であったことなどを考えると、三世紀初めに出現した纒向遺跡こそが日本の都市の原型といえるというのである。

また、ほかの史跡にはない纒向遺跡の特徴として、領域内に二〇数基もの古墳が存在す

纒向遺跡の全景

箸墓古墳（右奥）を始め、矢塚古墳（手前右）、勝山古墳（手前左）など、遺跡内には多数の古墳が点在している（写真提供：桜井市教育委員会）

ることがあげられる。最も大きいのは三世紀後半につくられたとみられる全長約二八〇メートル、後円部の円形約一五五メートル、高さ約二九メートル、前方部の幅約一二五メートルの箸墓古墳。倭《やまと》迹々日百襲姫《ととひももそひめ》の墓と比定されている最古の前方後円墳だ。

全長約九六メートルの纒向石塚《いしづか》古墳は、前方後円墳が定型化される前の纒向型前方後円墳で、周濠内から葬送儀礼に用いられたとみられる鶏形《うけい》木製品や弧文《こもん》円板が出土している。

ホケノ山古墳は全長八〇メートル程度だが葺石を確認でき、石囲いのある木槨《もっかく》や木棺、銅鏃《どうぞく》や鉄鏃《てつぞく》などの副葬品が発掘された。さらに矢塚《やづか》古墳や勝山《かつやま》古墳などもある。

●大型建物群は卑弥呼の居館か、祭祀の場か

もうひとつ二〇〇〇年代以降に発掘された大型建物群も見逃せない。

二〇〇九（平成二十一）年に辻地区で発掘された三棟（B・C・D）は、みな東西の軸線上に建てられており、周囲を柵で囲まれている。

それらのうち大型建物Dは、南北約一九メートル、東西約一二メートル以上あり、柱の太さは三〇センチメートル前後に及ぶ。当時としては最大級の建物だったと推測され、一説には纒向の中心人物の居館跡に違いないといわれている。

二〇一〇（平成二十二）年には、大型建物Dの近くで大量の桃の種や魚類・哺乳類の骨が発見された。それらは祭祀の供え物として用いられた可能性が高い。

纒向遺跡は邪馬台国畿内説の最有力候補地で、大型建物群の建設時期は女王・卑弥呼が生きていた時代と重なる。

そこから大型建物群は卑弥呼の居館あるいは祭殿だったのではないかと推測され、大きな注目を集めることになったのである。

大型建物群の発掘地

纒向遺跡内の辻地区では複数の掘立柱建物跡がみつかっており、ここに纒向の中心人物の居館（女王・卑弥呼の居館の可能性も）があったと推定されている（写真提供：桜井市教育委員会）

こらむ　古代史ミステリー

箸墓古墳は卑弥呼の墓か

箸墓古墳を卑弥呼の墓だとする説がある。『日本書紀』によると、倭迹々日百襲姫は大物主神《おおものぬしのかみ》と結婚したが、その正体が小蛇と知って驚き、夫を怒らせてしまう。倭迹々日百襲姫が後悔して座りこむと、箸が陰部に刺さり死亡。葬られた墓は「箸墓」と呼ばれるようになったという。箸墓古墳の築造時期は卑弥呼の没年に近い三世紀半ばと推測され、倭迹々日百襲姫は卑弥呼と同じく巫女《みこ》的性格をもっていた。そうしたことから、倭迹々日百襲姫と卑弥呼を同一視し、箸墓古墳＝卑弥呼の墓といわれるようになったのである。

古墳文化の隆盛

日本各地に築造された多様な古墳の形状

●古墳のヒエラルキー

初期ヤマト政権は、奈良盆地を中心に多数の前方後円墳を築造した。鍵穴のような形をした前方後円墳はヤマト政権の象徴であり、その数が増え、設営地が広範囲に及ぶことは政権の勢力の拡大を意味した。

では、そもそも古墳とは何か。古墳の考古学的定義はひじょうに複雑だが、ひと言で述べるとすれば、「三世紀半ばから七世紀にかけての古墳時代に、土を高く盛り上げ、その内部に権力者の遺骸《いがい》を納めた古代の墓」となる。

前方後円墳以外にもさまざまな形があり、方形と方形がついた平面形をした「前方後方《ぜんぽうこうほう》墳《ふん》」、平面形が円形をした「円墳《えんぷん》」、平面形が四角形をした「方墳《ほうふん》」、平面形が八角形をした「八角形墳《はっかくけいふん》」、二基の円墳が連結した「双円墳《そうえんぷん》」、二基の方墳が連結した「双方墳《そうほうふん》」、方形の墳丘の上に円形の墳丘を載せた「上円下方墳《じょうえんかほうふん》」、円形に短い台形がついた「帆立貝式《ほたてがいしき》

古墳の種類

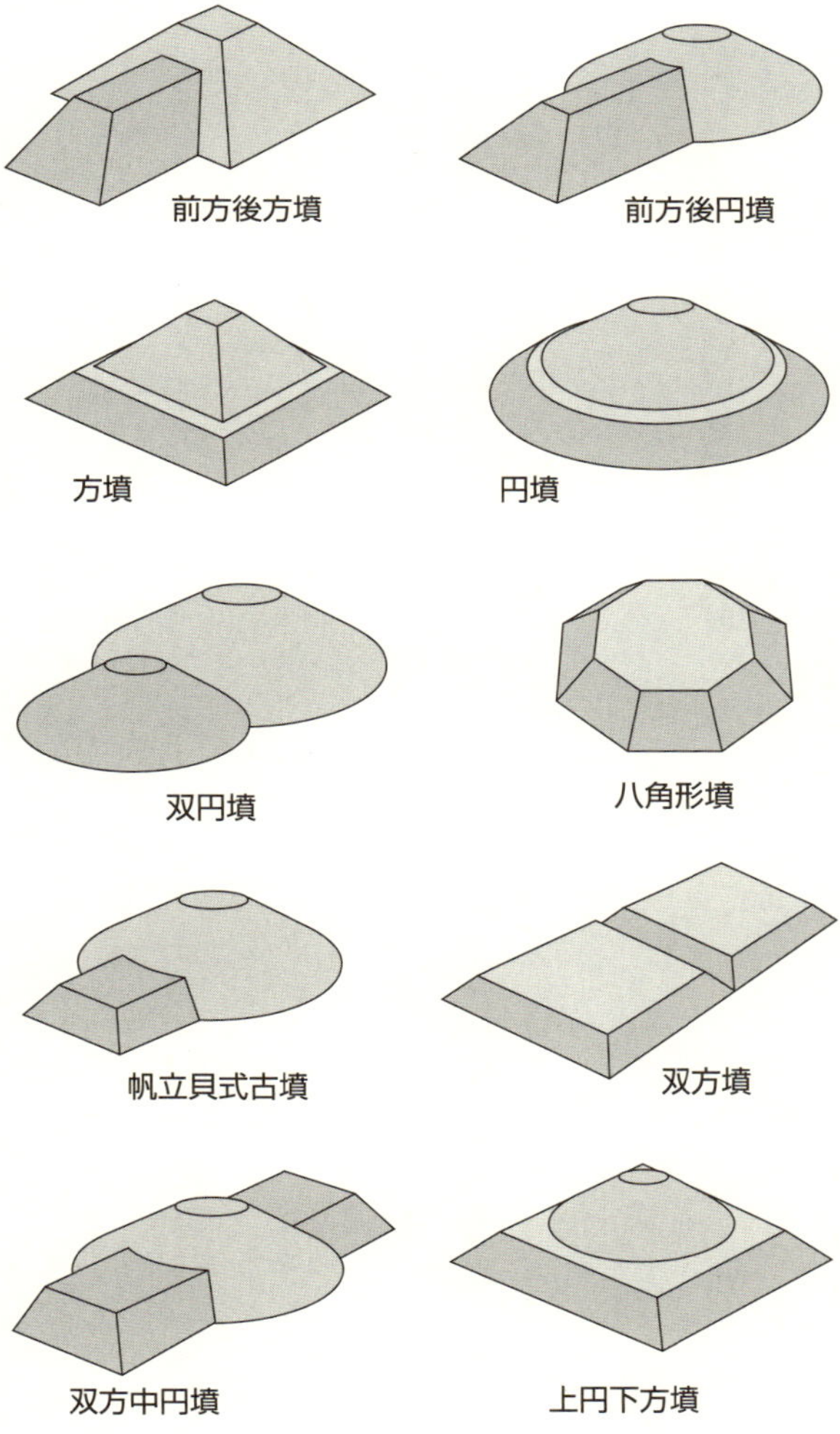

古墳《こふん》」などが主だった古墳の形式としてあげられる。

数も多い。日本全国になんと二〇万基もの古墳が存在するといわれ、現在も新たな古墳の発見が続いている。そのうち前方後円墳は約四七〇〇基を数える。

このように古墳は多様な形式を有するうえ、数も多いが、古墳にはヒエラルキーがあり、それぞれランク付けされている。

最上位にランクされるのは前方後円墳である。大王《おおきみ》（天皇）やその一族、大王と密接な関係にある地方の有力者などのためにつくられた古墳で、先に述べたとおり纏向遺跡にある箸墓古墳が最古の前方後円墳といわれている。

二番目には前方後方墳がランクされる。前方後方墳は古墳時代前期に東日本で多くつくられた。その次にランクされるのが円墳と方墳で、群集墓にみられる小型のものは首長に直属する人の墓と考えられている。

●最上位にランクされる前方後円墳の意味

前方後円墳を詳しくみてみると、基本的には方形の前方部と後方の後円部から成る。後円部は被葬者の遺骸を納める場所で、前方部は祭祀が行なわれる場所だったと考えられて

古墳のヒエラルキー

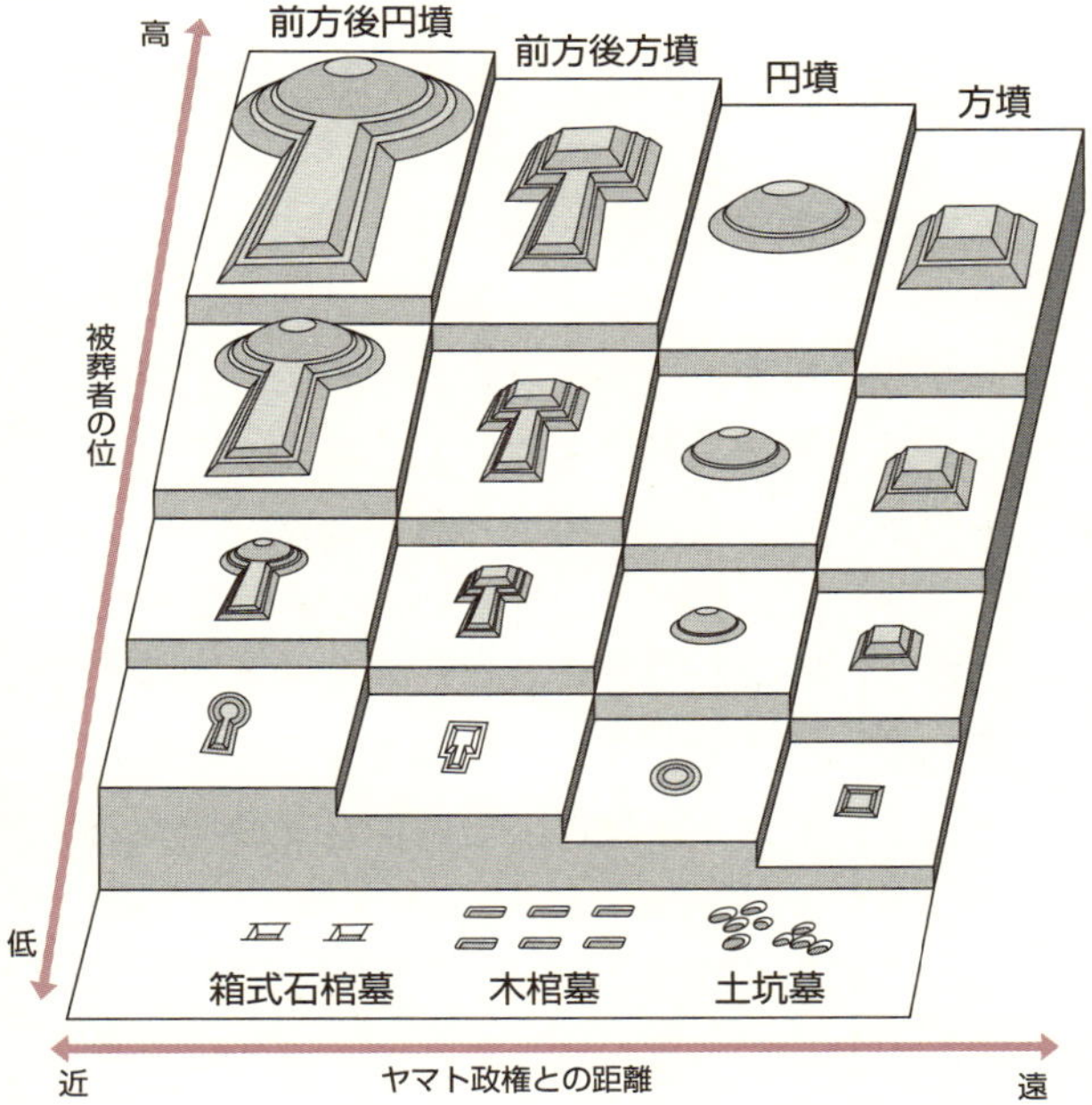

『古墳時代の研究 7』都出比呂志「墳丘の型式」を元に作成

いる。すなわち前方後円墳は、墓とセレモニーホールが一体になった施設のようなものといえるかもしれない。

祭祀は、埋葬される人の肉体を墓に閉じ込める封じ込めの儀式だったとみられている。弥生時代後期には、首長が亡くなると共同体を守るカミになるとも考えられていたようで、墓を封印することでカミを守ろうとしたと推測される。

こらむ

大王から天皇へ——君主の称号が変化した理由とは

古代日本において政治・軍事権力の頂点に君臨する者は「天皇」と書いてオオキミともスメラミコトとも呼ばれた。そもそも天皇とは中国で北極星を神格化した言葉で、歴代君主の正式名称として用いられていた。

しかし、最初から天皇の称号が用いられていたわけではない。それ以前、ヤマト政権の王たちは「大王《おおきみ》」という称号を用いていたのである。では、天皇と大王は何が違うのだろうか。

大王の正式名称は「治天下大王《あめのしたしろしめすおおきみ》」といい、王のなかの王、すなわち連合政権の君主を意味する。一方、天皇の正式名称は「現神御宇天皇《あきつみかみとあめのしたしろしめすすめらみこと》」。これは天の下をあまねく統治する神を意味し、他の王を超越した唯一の君主であることを示す。天皇の称号が使われるようになったのは、第四十代天武《てんむ》天皇の時代あたりからと考えられている。大王は神的な存在へと昇華することで絶対的な支配者となったのである。

第二章 ヤマト政権の国内統一

墓制の波及

前方後円墳の広がりが証す ヤマト政権の勢力

●前方後円墳が全国各地に広がっていく

初期ヤマト政権の勢力範囲は、大和《やまと》周辺に限られていたと考えられている。地方に目を移すと、西日本では出雲《いずも》や吉備《きび》、北部九州など、東日本では北関東などに大きな勢力が存在し、ヤマト政権の傘下に組み込まれていなかった。

しかし、ヤマト政権の勢力は次第に拡大していき、やがて全国に及ぶようになる。その当時の状況を示すのが、ヤマト政権独自の古墳形式とされる前方後円墳《ぜんぽうこうえんふん》の波及である。

三世紀後半に始まる前方後円墳の築造ブームは、最初のうちは大和から畿内《きない》を中心としていた。古墳は畿内に限らず全国各地でつくられていたが、たとえば出雲では前方後方墳《ぜんぽうこうほうふん》や方墳《ほうふん》が多く、東日本では前方後方墳が多いなど、地域によって主流をなす規格が違っていた。それが四世紀後半から五世紀にかけて大きく変化し、前方後円墳が広範囲で築造されるようになったのである。

前方後円墳でつながるヤマト政権と地方

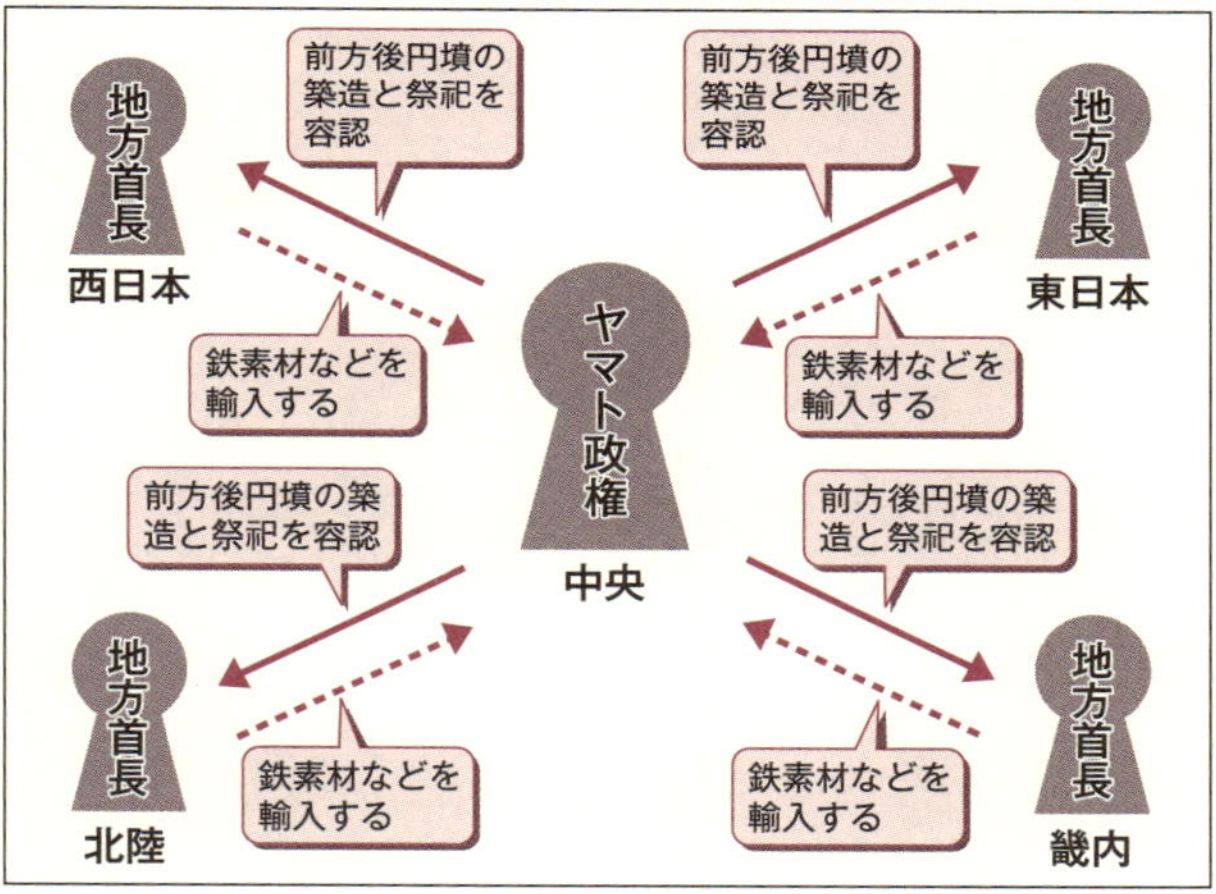

古墳の規格統一の事例としては、吉備の浦《うら》間茶臼山《まちゃうすやま》古墳（岡山市東区）があげられる。この古墳は吉井川と砂川の間に位置する小さな丘陵に築造された大型の前方後円墳で、全長は約一三八メートルある。これを大和の箸《はし》墓《はか》古墳（全長約二七八メートル）と比べると、ほぼ二分の一の相似形になっている。前方部が三味線のバチのように広がっている点などはひじょうによく似ており、同じ設計図に基づいてつくられたのではないかともいわれている。このような画一性は、弥生時代の墳丘墓にはみられない。

●ヤマト政権が確立した「前方後円墳国家」

こうした前方後円墳の広がりは、地方の首《しゅ》

長《ちょう》がヤマト政権の支配下に組み込まれていったことを意味する。

ヤマト政権は前方後円墳の築造や祭祀《さいし》を認可制にしていたといわれ、地方の首長たちは政権に許可を得て前方後円墳をつくり、それを支配地の人々にみせつけることで統治の正当性を示そうとした。つまり、前方後円墳はヤマト政権に参画した、または服属した証《あかし》といえる。ヤマト政権は前方後円墳という墓制に基づく支配体制を確立したわけである。

こうして日本史上初めて成立した中央・地方の関係性を、考古学者の広瀬和雄氏は「前方後円墳国家」と呼んでいる。

●倭王武の上表文にみるヤマト政権の勢力範囲

『宋書《そうじょ》』に記されている倭王武《わおうぶ》（雄略《ゆうりゃく》天皇に比定される）の上表文《じょうひょうぶん》からも、ヤマト政権の勢力拡大の様子がうかがえる。

上表文は、四七八年に武が宋《そう》の順帝《じゅんてい》に送ったものとされ、「我が先祖は代々みずから甲冑《かっちゅう》をまとって幾山河を踏みこえ、席の暖まる暇もなく戦ってきた。東方は毛人《もうじん》を征すること五五国、西方は衆夷《しゅうい》を服すること六六国、海を渡って北方を平らげること九五国にものぼった」とある。ここからヤマト政権が地方をほぼ制圧したことがみてとれる。

古墳の分布にみるヤマト政権の勢力範囲（5世紀）

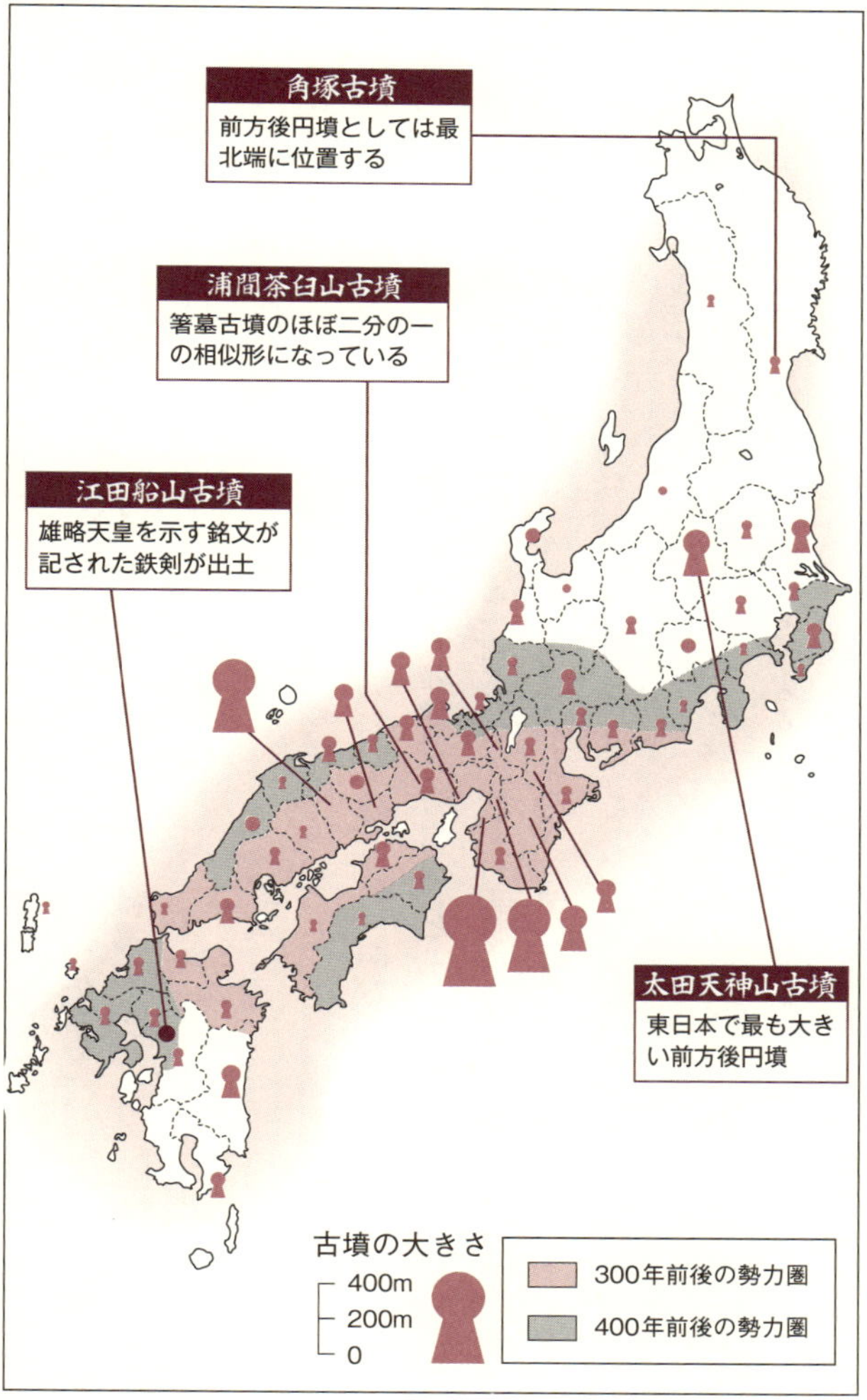
角塚古墳
前方後円墳としては最北端に位置する
浦間茶臼山古墳
箸墓古墳のほぼ二分の一の相似形になっている
江田船山古墳
雄略天皇を示す銘文が記された鉄剣が出土
太田天神山古墳
東日本で最も大きい前方後円墳
古墳の大きさ
400m
200m
0
300年前後の勢力圏
400年前後の勢力圏

ヤマトタケル伝説

「記・紀」の伝承とヤマト政権の関係

●ヤマトタケル＝ヤマト政権

ヤマト政権は徐々に勢力を拡大して支配地域を広げていった。その過程を表していると考えられるのが、「記《き》・紀《き》」に記されたヤマトタケルの伝承である。

『古事記《こじき》』によると、ヤマトタケルは第十二代景行《けいこう》天皇の皇子。元の名をヲウスといい、ひじょうに気性が荒かった。そんな皇子に対し、父の景行天皇は南九州のクマソタケル兄弟を討つよう命令。少女に変装して兄弟の館に入り込んだヲウスは、油断しきっていた兄を刺殺し、逃げる弟も殺害して任務を完遂する。このとき、ヲウスは弟からヤマトタケルの名を献上されたという。

次にヤマトタケルが向かったのは出雲の地。ヤマトタケルは出雲を治めるイズモタケルと偽りの友情を結ぶと、斐伊《ひい》川で水浴びしている隙を狙って斬り殺した。

対クマソタケル、対イズモタケル、いずれもヤマトタケルは力づくで相手を倒すのでは

ヤマトタケル像

遠征を繰り返し、九州から関東までを平定したと伝わる。『古事記』や『日本書紀』はその遠征にまつわる記事を多く収載している。

なく、事前に計画を立てて勝利した。武勇に優れた英雄というイメージからはほど遠い、ずる賢いイメージを抱くかもしれないが、古代においてはこれも善であり、正義をあらわしているといえるのである。

ヤマトタケルの遠征はまだ続く。今度は東国平定を命じられ、「父は自分に死ねというのか」と嘆きながらも北関東まで制圧した。その後、霊力のある剣をもたずに伊吹山《いぶきやま》（滋賀県米原市《まいばらし》）を訪れたため、帰路の伊勢《いせ》で不慮の死を遂げる。

一方、『日本書紀《にほんしょき》』でのヤマトタケルは、父に従う誠実な息子として描かれている。最初に景行天皇みずからが南九州へ遠征を行ない、熊襲《くまそ》が再び反乱を起こしたところをヤマトタケルがわずか4ヶ月で平定。出雲には出向いていないが、東国を平定して伊勢で病没するまでの大筋は『古事記』とほぼ変わらない。ヤマトタケルの死後、景行天皇は大いに悲しみ、わが子の平定した土地を巡幸《じゅんこう》してその死を悼《いた》んだ。

●ヤマトタケルの正体

このように『古事記』と『日本書紀』で描かれ方は異なるが、抵抗勢力を平定した英雄の物語を描いている点では同じであり、そこにヤマト政権の勢力拡大が反映されていることは想像に難くない。しかしながら、ヤマトタケルの活躍がどこまで史実に基づいたものかはよくわかっていない。

『古事記』ではヤマトタケルだけで九州から出雲、東国を平定したことになっているが、将軍として出征したとしても、これほどの大遠征を一代で成し遂げられるとは考えにくい。そもそもヤマトタケルの「タケル」とは武勇に優れた者に与えられる称号で、ヤマトタケルの名は「大和の勇者」「大和の武将」といった意味になる。固有名詞ではない。

おそらく、ヤマトタケルという皇子は実在しなかった。複数の将軍たちの物語がひとつにまとめられ、ヤマトタケルの神話に昇華したと考えられるのである。

ヤマトタケルの遠征ルート（『古事記』による）

斐伊川

伊吹山

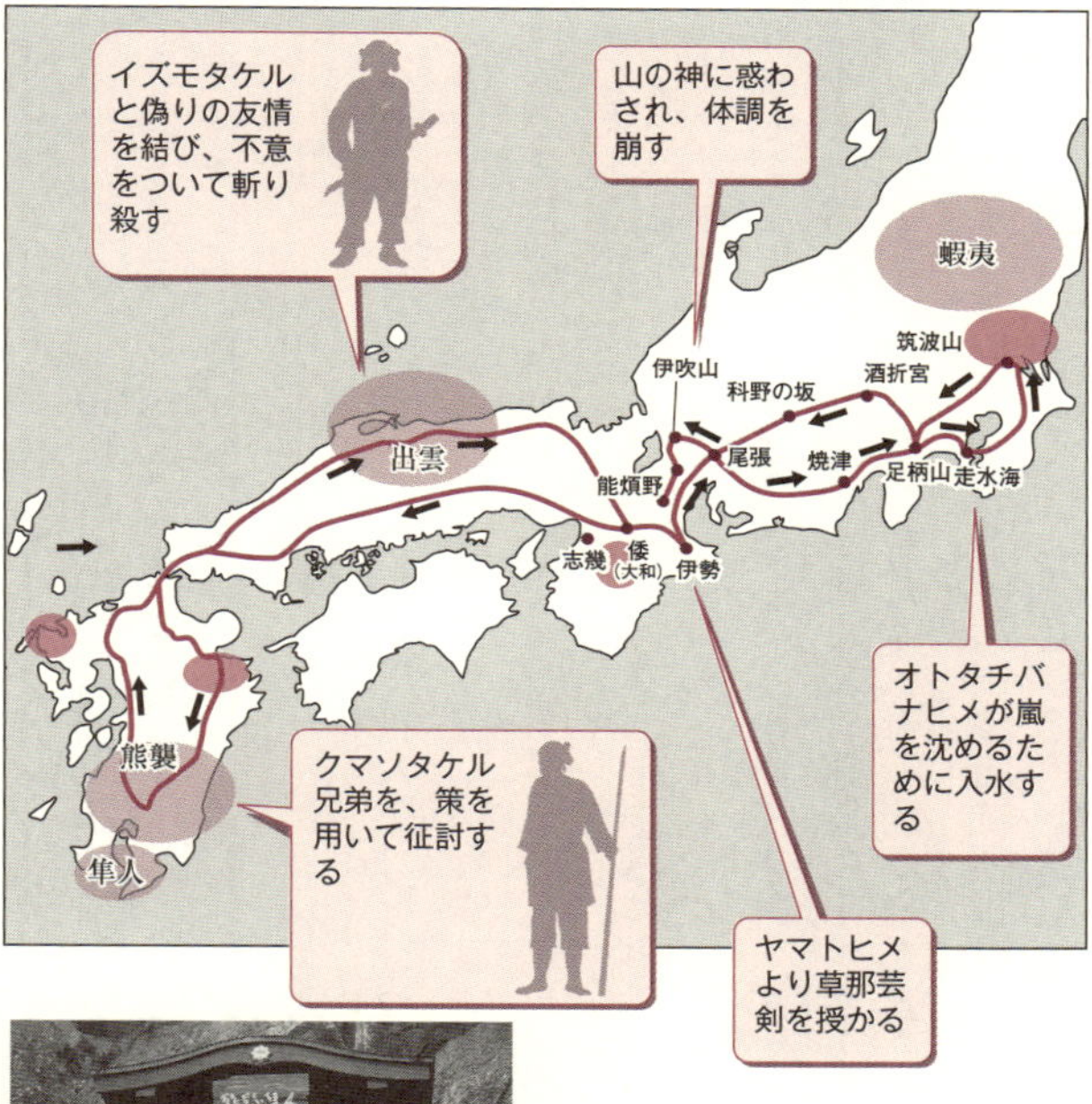

熊襲の穴

出雲

神話と考古学的発見が物語る「神々の国」の真実

●出雲王国の存在

ヤマト政権に比肩しうる地方の勢力のうち、きわめて強大な力をもっていたといわれるのが出雲である。出雲とは現在の島根県東部にあたり、古くから開けていた。

『古事記』にみられる神話の三分の一以上が出雲関連の記事であることからわかるように、出雲は古代史においてひじょうに重要な地位を占めていた。一説によると、周辺地域を統合して君臨する「出雲王国」があったともいわれている。

出雲に強大な勢力が存在したことを示す証拠として、銅剣《どうけん》や銅鉾《どうほこ》、銅鐸《どうたく》といった青銅器《せいどうき》の相次ぐ発見があげられる。出雲では一九七〇年代まで青銅器の出土が少なく、辺境の地とみなされていた。しかし一九八〇年代以降、画期的な発見が次々になされたのだ。

まず一九八四（昭和五十九）年、神庭荒神谷《かんばこうじんだに》遺跡（出雲市斐伊川町）から大量の銅剣がみつかる。それまで日本全国で三〇〇本ほどしか出土していなかった鉄剣が一度に三五八

青銅器文化圏と出雲

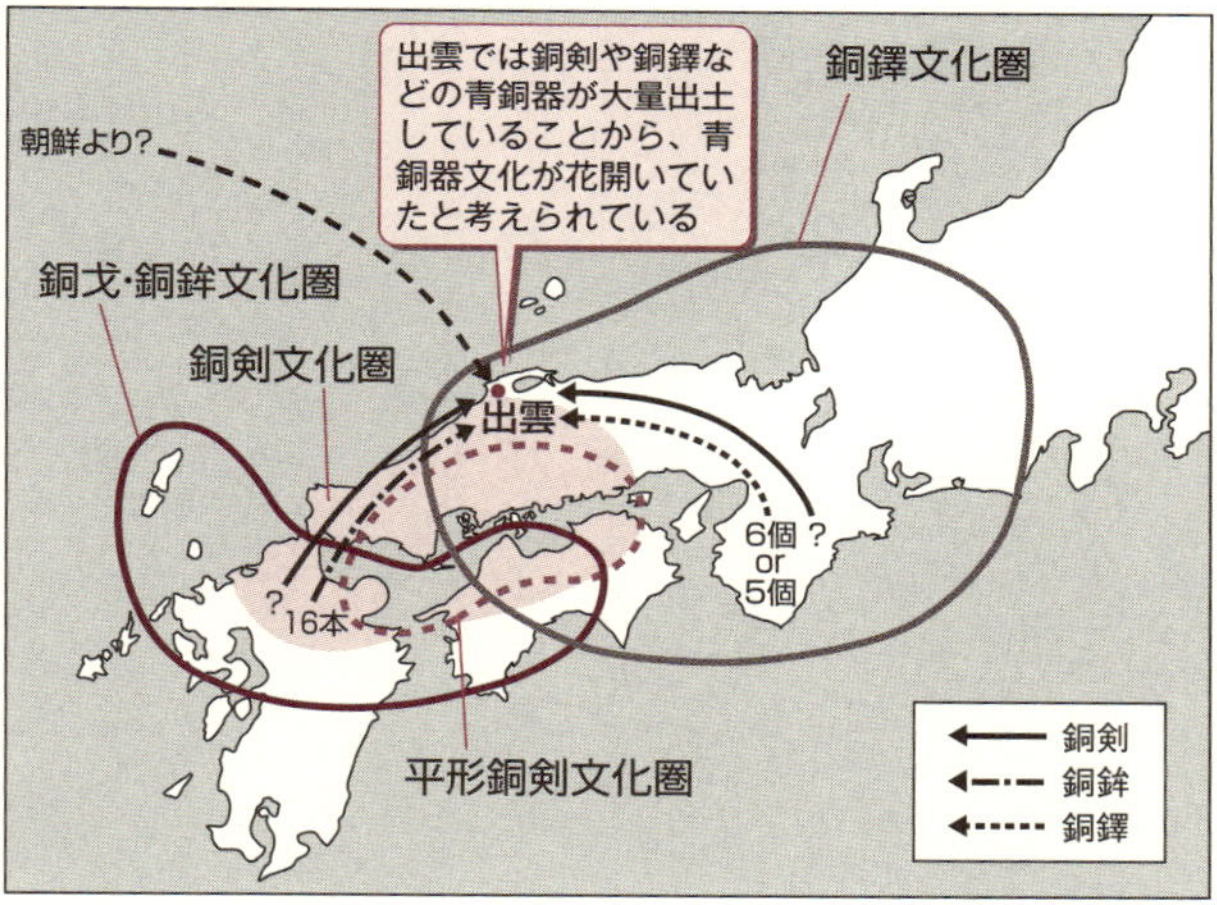

出雲で出土した青銅器

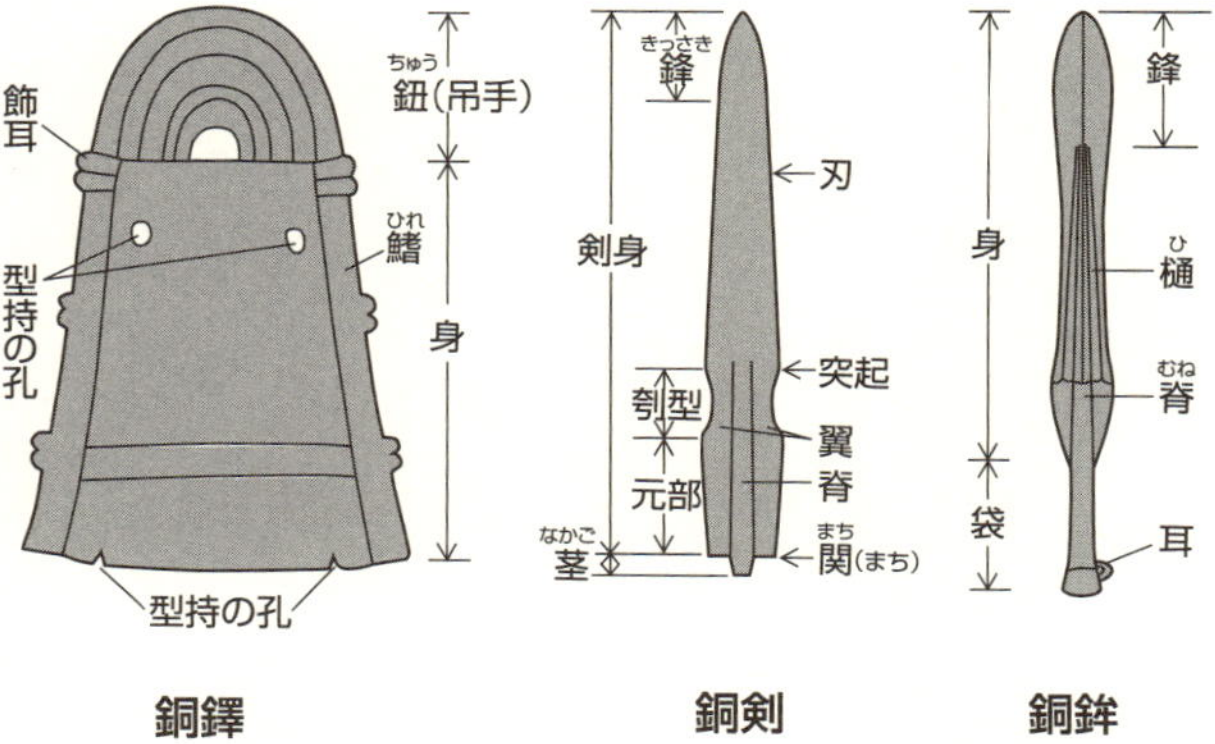

「古代出雲文化展」図録をもとに作成

本も出土したため、歴史学会のみならず一般的にも大きな注目を集めた。その翌年には同じ神庭荒神谷遺跡から銅鉾と銅鐸がセットで発見されている。

ついで一九九六（平成八）年には、神庭荒神谷遺跡にほど近い加茂岩倉《かもいわくら》遺跡（雲南《うんなん》市加茂町）で三九個の銅鐸が発見された。これも一カ所からの銅鐸の出土としては史上最多のものだった。

こうした青銅器の大量出土は、出雲の歴史を大きく塗り替えることになった。そもそも青銅器は弥生時代に大陸から鉄器と同時に伝わったとされ、分布域に偏《かたよ》りがあることがわかっている。そこから北部九州を中心とした銅剣・銅鉾文化圏、畿内を中心とした銅鐸文化圏、瀬戸内海中部を中心とした平型銅剣文化圏の存在がいわれていたのだが、その狭間に位置する出雲に独自の文化圏が形成されていたことが明らかになったのである。

青銅器は宝物や祭祀の道具として使われていた可能性が高い。そのため、当時の出雲には信仰の盛んな「祭祀王国」とでも呼ぶべき勢力が君臨していたとも考えられている。出雲の首長は、青銅器をシンボルにした共通の信仰によって、地縁的に形成されたいくつかの集団をまとめていたというのである。

四隅突出型墳丘墓の分布

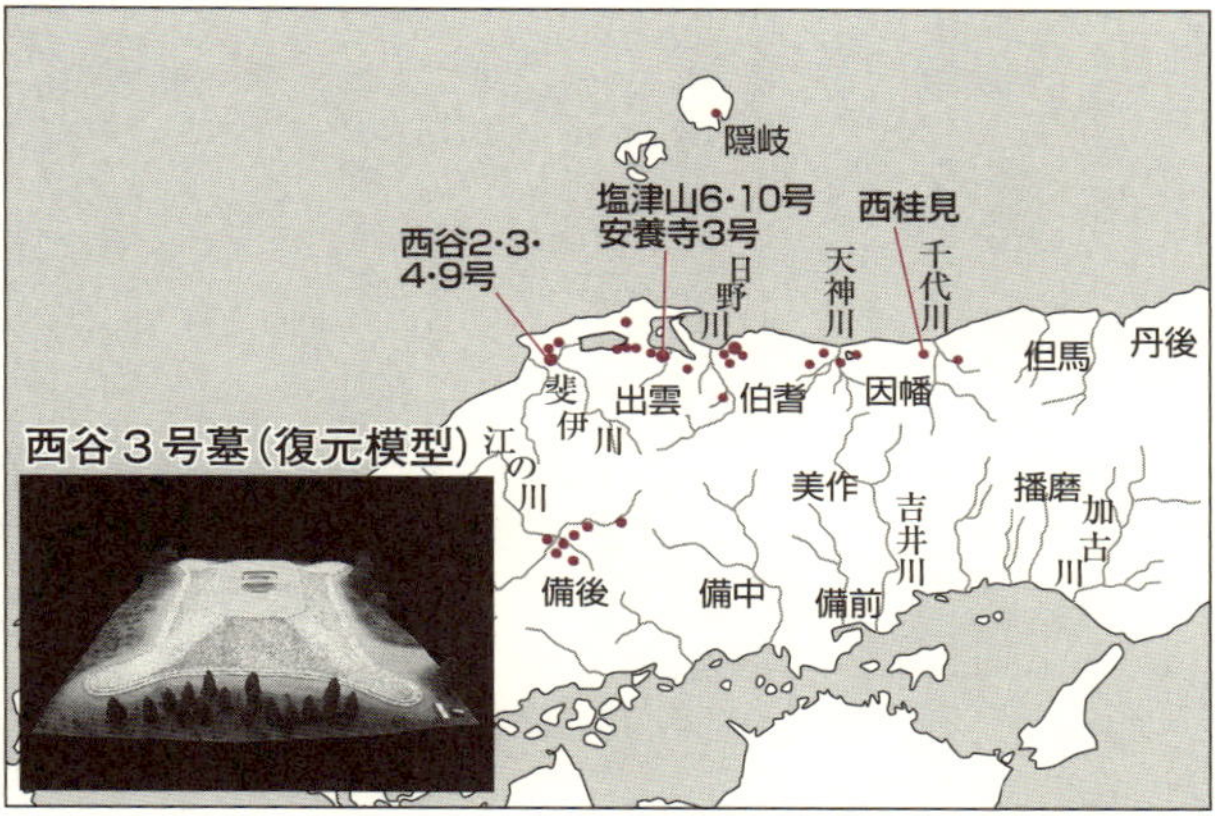

出典:『島根県の歴史』(山川出版社)

祭祀の形の変化が示す出雲の社会変化

出雲の青銅器は弥生時代中期から後期初頭にかけて地中に埋められて使われなくなり、紀元前後からは墳墓《ふんぼ》が築造され始める。その墳墓のなかできわめて特徴的なのが、四隅《よすみ》が外側へ向かって突き出した形の四隅突出型《よすみとっしゅつがた》墳丘墓《ふんきゅうぼ》だ。

西谷墳墓群《にしだにふんぼぐん》（出雲市）には、六期の四隅突出型墳丘墓がある。なかでも西谷三号墓は突出部を含めると長辺が約五五メートルにもなる巨大な四隅突出型墳丘墓で、墓上に三〇〇個もの土器が置かれていたり、埋葬施設に首長とその妃《きさき》を埋葬したとおぼしき水銀朱《すいぎんしゅ》敷きの木棺《もっかん》が埋めてあるなど、それまでの墓とは明らかに異なる独特の様式になっている。

青銅器から墳墓祭祀への変化、そして四隅突出墳墓の規模の大きさを考えると、出雲では紀元前後に有力な首長が出現した可能性がある。祭祀の形の変化は、社会の変化を反映したものと考えられるのである。

●ヤマト政権による出雲征服を暗示する逸話

では、出雲の勢力とヤマト政権はどのような関係にあったのだろうか。それについては「記・紀」にあるいくつかのエピソードがヒントを示してくれる。たとえば、大国主命《おおくにぬしのみこと》による「国譲り《くにゆず》」の伝承である。『古事記』には次のように記されている。

大国主は高天原《たかまがはら》を追放されて出雲に降臨した素戔嗚尊《すさのおのみこと》の子孫で、少彦名命《すくなびこなのみこと》とともに葦《あし》原中国《はらのなかつくに》の王となり国造りを始める。しかし、天照大神の命を受けた高天原の天津神《あまつかみ》たちは、「葦原中国の統治者は天照大神の子孫でなければならない」と主張し、国津神《くにつかみ》の大国主に国譲りを迫った。大国主は抵抗したが、やがて立派な宮殿を建てることを条件に国を譲ることを承諾したという。

この「国譲り」の伝承が、ヤマト政権による出雲征服を暗示しているのではないかといわれる。天津神をヤマト政権、大国主をはじめとする国津神を地方勢力ととらえ、ヤマト

「記・紀」に伝わる出雲平定

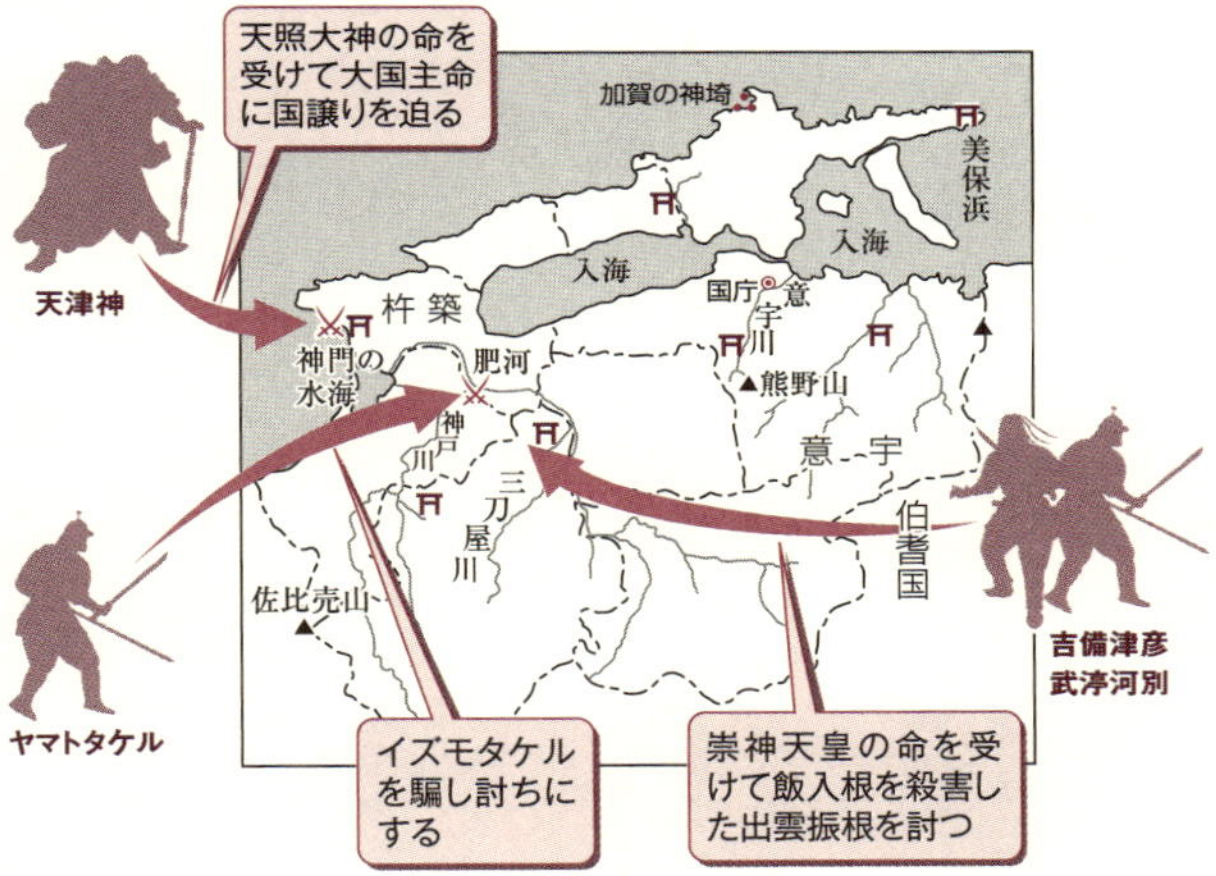

政権と地方との対立とみなす意見もある。

「国譲り」と似た伝承はほかにもある。先に述べたヤマトタケルの出雲平定である。

景行天皇の命を受けて出雲平定に出たヤマトタケルは、イズモタケルと偽りの友情を結び、斐伊川で水浴びをした。そのとき、ヤマトタケルは木刀を身につけ、それをイズモタケルの真刀と交換する。その後ふたりは戦うが、真刀を手にしたヤマトタケルと、木刀をもたされたイズモタケルでは最初から結果はみえており、ヤマトタケルがイズモタケルを殺してしまうのだった。

ヤマトタケルをヤマト政権、イズモタケルを出雲とみなせば、ヤマト政権による出雲征服を象徴していると考えられる。

●出雲にも出現した前方後円墳

一方、『日本書紀』にも興味深い伝承が記されている。崇神《すじん》天皇の時代、豪族の出雲振根《いずものふるね》が筑紫《つくし》に出かけると、その間に弟の飯入根《いいいりね》が出雲の神宝を大和に献上してしまう。帰郷した振根は飯入根を恨み、斐伊川の下流で一緒に水浴しているときに、自分の木刀と飯入根の真刀を交換して殺害。だがその後、振根は大和の命を受けた吉備津彦《きびつひこ》と武渟川別《たけぬなかわわけ》とによって討伐されてしまう。

これも出雲がヤマト政権に服属していることを暗示していると考えられる。出雲の首長たちが何らかの原因で対立し（出雲東部の意宇《おう》の勢力と西部の杵築《きづき》の勢力か）、出雲に比肩する力をもっていた吉備の勢力が介入してくる。そして吉備の背後にはヤマト政権の影が見え隠れする――。すべてが歴史的事実を反映したものとは考えにくいが、ある程度の史実が含まれている可能性は高いだろう。

三世紀後半になると四隅突出型墳丘墓は姿を消し、やがて大和と同じような規格の古墳がつくられ始める。出雲西部には前方後円墳が出現したほか、卑弥呼《ひみこ》が魏《ぎ》から賜《たまわ》ったとされる三角縁神獣鏡《さんかくぶちしんじゅうきょう》が出土している。こうしたことから、出雲にもヤマト政権が進出してきていたことがうかがえるのである。

こらむ　古代史ミステリー

出雲大社の40メートル超の高層神殿

「国譲り」において、大国主命は国を譲る代わりに「立派な宮殿」を望んだ。その宮殿こそが現在、縁結びの神として知られる出雲大社《いずもたいしゃ》だといわれている。出雲大社の本殿は高さ24メートルを誇るが、社伝によるとかつては48メートルもあったという。平安時代中期に源為憲《みなもとのためのり》によって書かれた学習書『口遊《くちずさみ》』にも、当時の高層建築ベストスリーとして出雲大社、東大寺大仏殿、平安京《へいあんきょう》の大極殿《だいごくでん》があげられている。近年まで伝説にすぎないと思われていたが、2000（平成12）年に直径3メートルにもなる巨大柱の痕跡が発見され、高層建築が実在した可能性が高まった。日本海沿岸に巨木信仰があったことも実在説を後押しすることになっている。

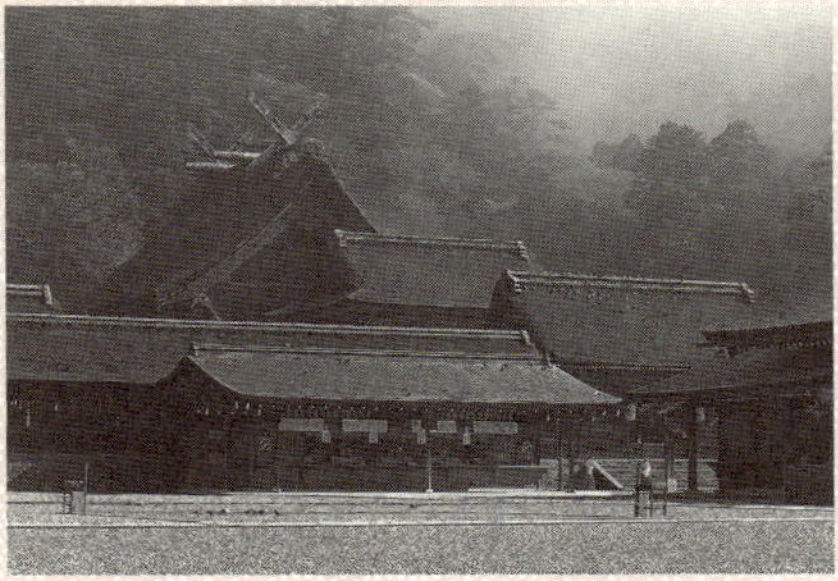

古代の高層建築比較

吉備

大和と密接な関係を持ち瀬戸内海を支配した大勢力

●ヤマト政権に比肩する大勢力

出雲同様、吉備もまたヤマト政権に匹敵するほどの力をもっていた。吉備は岡山県の吉《よし》井《い》川、旭《あさひ》川、高梁《たかはし》川という三つの川によってつくられた沖積平野一帯に広がる地域で、人口が多く大集落が形成されていた。

吉備の勢力がいかに大きかったかは古墳をみればわかる。弥生時代後期から楯築墳丘《たてつきふんきゅう》墓《ぼ》のような地元の首長の墓が築造され、特殊器台《とくしゅきだい》・特殊壺《とくしゅつぼ》と呼ばれる大型の土器が並べられた。楯築墳丘墓は全長約八〇メートルにも及び、二世紀末の墳丘墓としては全国で最も大きい。

さらに古墳時代に入ると、五世紀に造山《つくりやま》古墳、作山《つくりやま》古墳、両宮山《りょうぐうさん》古墳という三つの巨大前方後円墳が相次いでつくられた。

造山古墳は全長約三五〇メートルと全国四位の規模を誇り、三〇~七五メートルほどの

吉備の古墳群

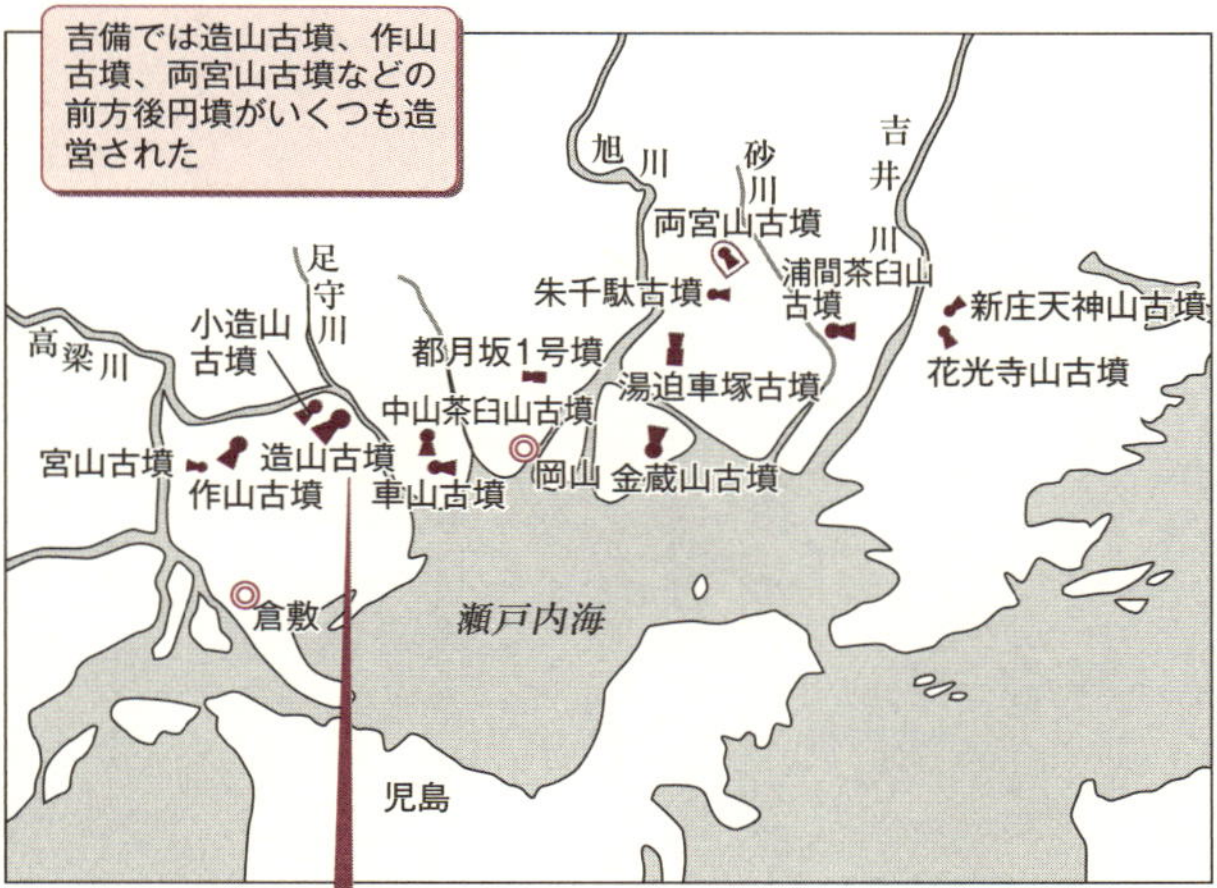

造山古墳

吉備の首長の墓と推測される。全長約350メートルで、現在は全国4位の大きさだが、築造時は全国でも最大規模だったと考えられている

臣下の墓とされる陪塚《ばいちょう》を六基も従えている。これは畿内の大王墓と同じつくりだ。作山古墳は全長約二八二メートルで全国十二位。三段でつくられた丘陵には、五〇〇〇個以上の埴輪《はにわ》が並んでいたといわれる。

こうした古墳の規模などから、吉備の勢力はきわめて強大な影響力をもっていたと考えられている。吉備の人々だけでつくるのは難しいのではないかとの判断から、吉備にゆかりのある権力者がこの地で亡くなり埋葬されたのではないかとする説もある。

また、大和の箸墓《はしはか》古墳からは吉備で独自に発達した特殊器台形埴輪が出土している。これは吉備が早くから大和と密接な関係をもっていた証左《しょうさ》といえるだろう。

その一方で、造山古墳の前方部に位置する荒《こう》神社の石棺の構造が、北部九州の初期横穴《よこあな》式石室《しきせきしつ》に似ており、その素材が九州の阿蘇《あそ》山のものであることから、九州との密接な繋がりもうかがえる。

●吉備の力の源泉

こうした吉備の力の背景には、恵まれた地理的条件があったといわれている。

元来、瀬戸内は海・山の幸が豊富な地域で、吉備では海部《あまべ》と呼ばれる人々が水産業で活

吉備の勢力とヤマト政権の関係

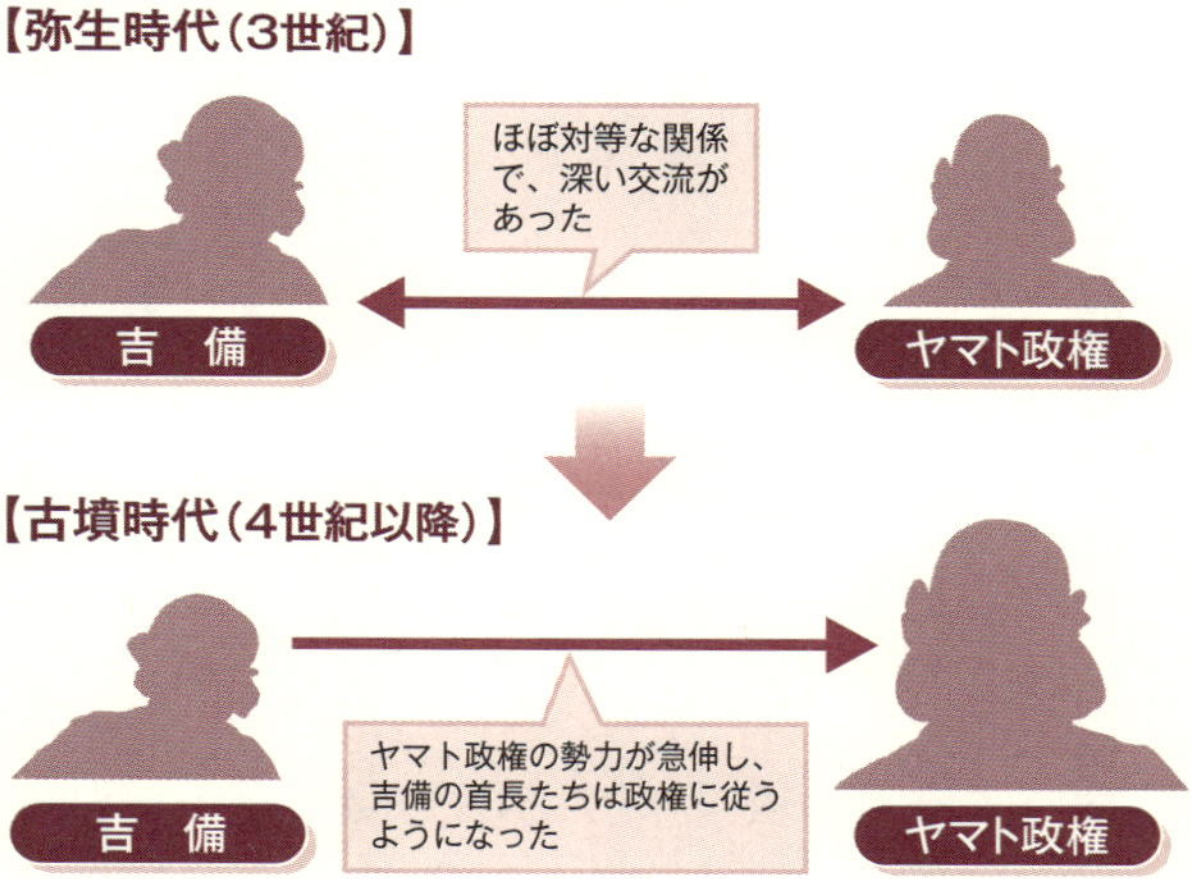

躍していた。特に製塩が盛んだったらしく、製塩土器が多数出土している。

また、吉備は瀬戸内海航路の要衝に位置し、「吉備津《きびつ》」と称する良港をもっていた。四世紀後半以降、ヤマト政権が朝鮮半島へ積極的に進出するようになると、多くの船が吉備の港に寄港。吉備の人々も海外に出ていき、任那《みまな》や百済《くだら》と交易を行なった。

さらに、中国山地で盛んだった鉄生産も吉備の勢力拡大を後押ししたと考えられている。

四世紀以降、ヤマト政権の勢力が強まると吉備の首長たちはその傘下に入ることになったが、それまで吉備はヤマト政権とほぼ対等な関係を維持し、独自の文化を発展させていたのである。

日向

地上支配の起源となる天孫降臨の地に先住していた一族

●西都原古墳群にみる日向の勢力の影響力

宮崎県のほぼ中央部、西都《さいと》市街地の西方標高約六〇メートルの台地上に、西都《さいと》原《ばる》古墳群が存在する。三一基の前方後円墳、一基の方墳、二七九基の円墳など、合計三一〇基以上の古墳が集中している日本最大級の古墳群である。

西都原古墳群は三世紀から七世紀にかけてつくられた。そのうち五世紀前半に築造されたと考えられている女狭穂塚《めさほづか》古墳は、墳丘の長さが一七四メートルもあり、九州の前方後円墳のなかでは最も大きい。隣接する男狭穂塚《おさほづか》古墳も、墳長一五四メートルを誇る日本最大の帆立貝式《ほたてがいしき》古墳で、このふたつの古墳をみると、日向《ひむか》の勢力の大きさがうかがえる。

●日向とヤマト政権の知られざる関係性

女狭穂塚・男狭穂塚両古墳の築造規格は畿内の陵墓とよく似ており、日向の勢力とヤマ

日向の西都原古墳群

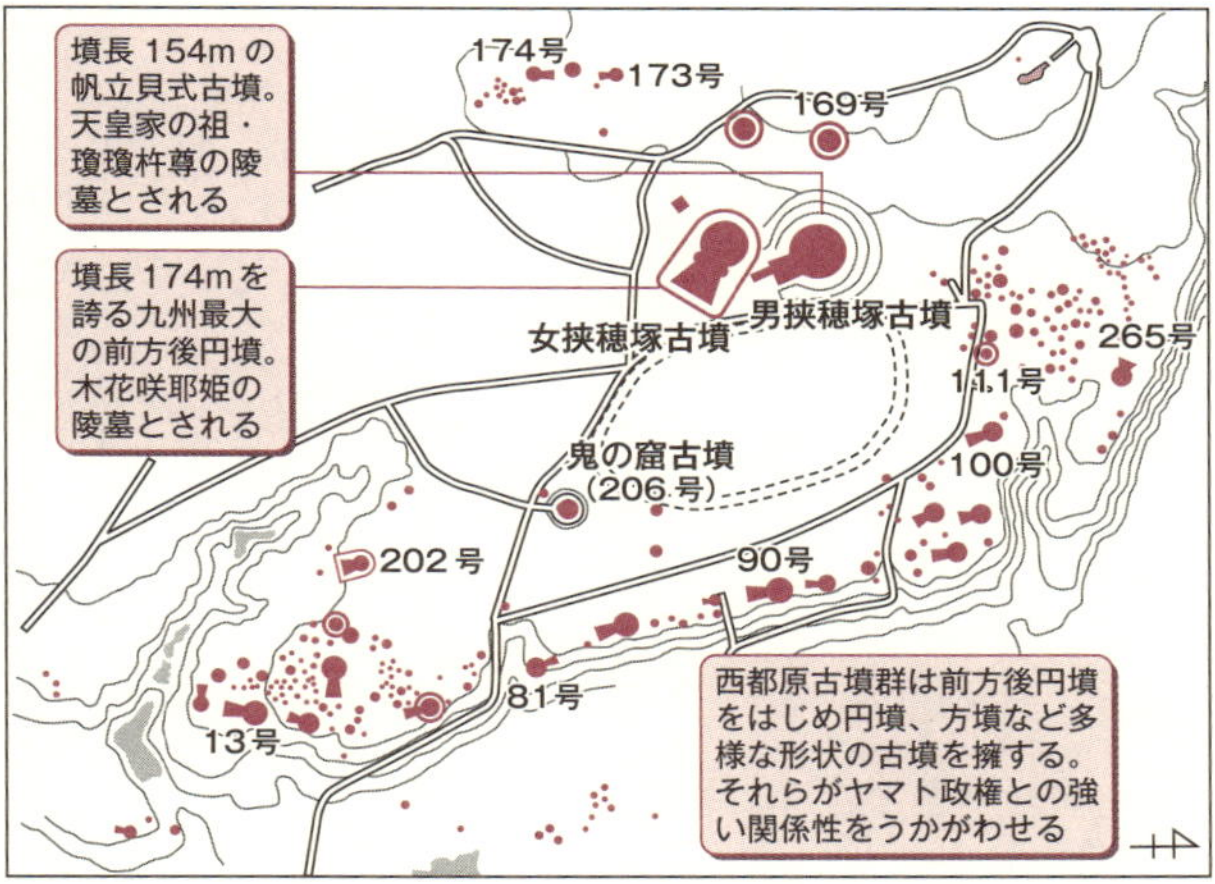

西都原古墳群の全景

右奥に女狭穂塚・男狭穂塚古墳が見える（写真提供：宮崎県観光協会）

ト政権との強い結びつきを感じさせる。

両者の関係については、あらかた想像がつくだろう。日向といえば天孫降臨《てんそんこうりん》の伝承が残る地。天照大神《あまてらすおおみかみ》の命を受けた孫の瓊瓊杵尊《ににぎのみこと》が、高天原《たかまがはら》から日向の高千穂峰《たかちほのみね》に天降《あまくだ》り、その子孫の神日本磐余彦尊《かむやまといわれびこのみこと》が東へ進んで大和を平定、初代天皇・神武《じんむ》天皇となったと伝わる。つまり、日向はヤマト政権の地上支配の起源なのである。ちなみに男狭穂塚古墳は瓊瓊杵の陵墓、女狭穂塚古墳は瓊瓊杵の妻である木花咲耶姫《このはなさくやひめ》の陵墓とされている。

さらに、日向がヤマト政権の九州政策の拠点だったことも影響しているといわれる。ヤマト政権は日向を熊襲《くまそ》・隼人《はやと》討伐の前線基地としていた。『日本書紀』には、景行《けいこう》天皇が熊襲討伐のために九州を巡行《じゅんこう》し、日向に六年滞在して熊襲を平定したという記事がみえる。

このように元来ヤマト政権と深い関係にあった日向の勢力は、古墳時代に入ると一族の女性を后妃《こうひ》として送り込み、政権との関係をますます密にしていく。「記・紀」によると、景行天皇が日向髪長大田根《ひむかのかみながおおたね》を妃《きさき》とし、応神天皇も日向泉長媛《ひむかのいづみのながひめ》を妃とした。さらに応神天皇が召した日向の髪長媛が、のちに仁徳《にんとく》天皇の妃となったとある。

北部九州の勢力はヤマト政権と激しく対立したが、南九州の日向の勢力はヤマト政権に取り入ることで力を強めたのである。

高千穂峰

天孫降臨の地とされる高千穂峰は宮崎県と鹿児島県の県境に位置し、その山頂には「天の逆鉾」と呼ばれる青銅製の鉾が立っている

日向の勢力と天皇家の関係

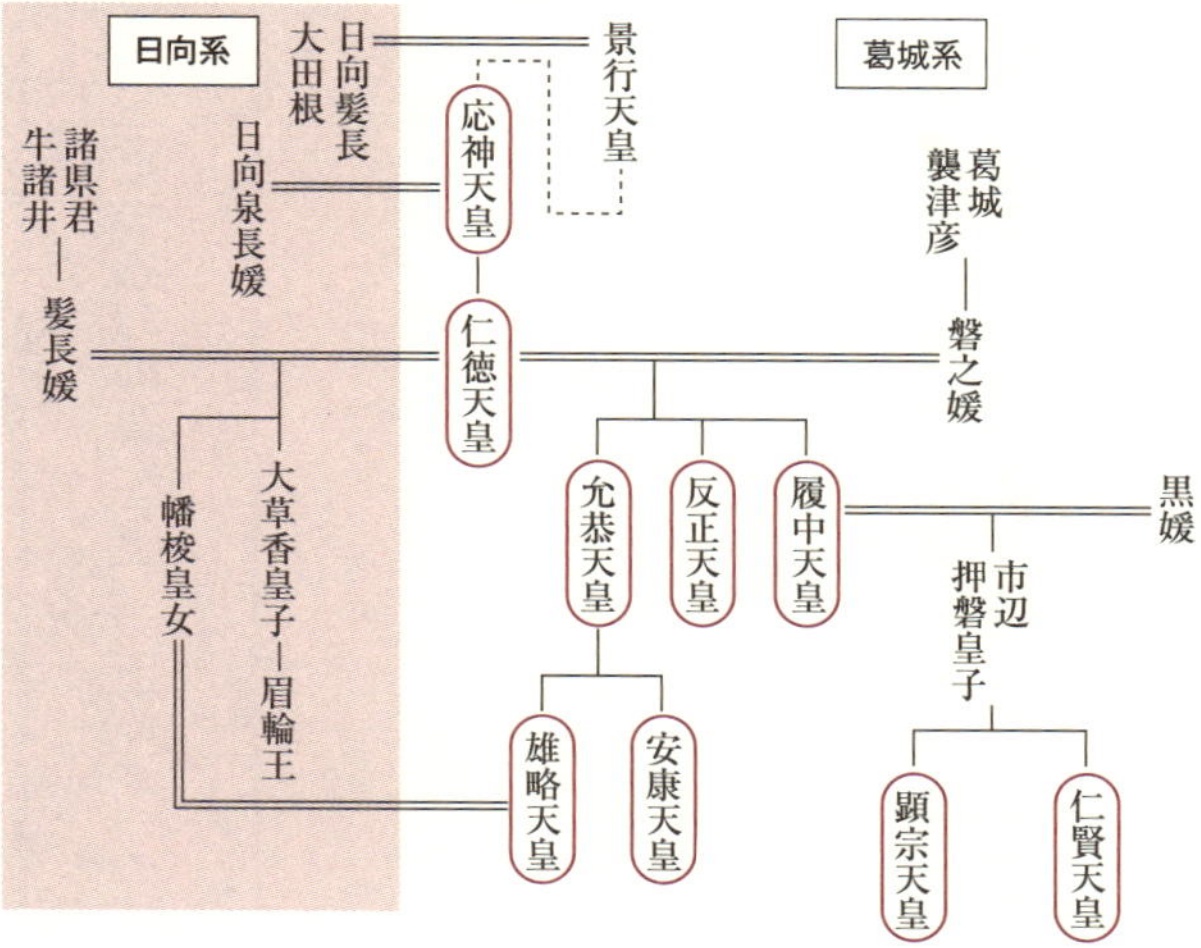

熊襲と隼人

抗い続けた「まつろわぬ者たち」の正体

●ヤマトタケルによる征討を受けた熊襲

ヤマト政権は次第に勢力を拡大していったが、政権になびこうとせず、その支配に激しく抵抗し続けた人々もいた。それは「記・紀」に「まつろわぬ者（服従しない者）」と記されている人々で、九州に存在した「熊襲」と「隼人」が代表例のひとつにあげられる。「クマ」とか「ハヤブサ」という猛獣《もうじゅう》猛禽《もうきん》類の字が当られていることからして、熊襲や隼人はさぞかし恐ろしい敵対集団であったろうことが想像できるが、実際にはどのような人々だったのか。

熊襲は『古事記』では国生みの段で登場し、九州南部が「熊襲国」とされた。つまり九州南部が熊襲の勢力範囲というわけで、そもそも熊襲の「クマ」は肥後《ひご》の球磨《くま》地方（熊本県南東部）、「ソ」は大隅《おおすみ》の贈於《そお》地方（鹿児島県東部）に由来すると考えられている。

さらにヤマトタケル伝説にも登場。景行天皇の命を受けてやってきたヲウスに、クマソ

熊襲の穴

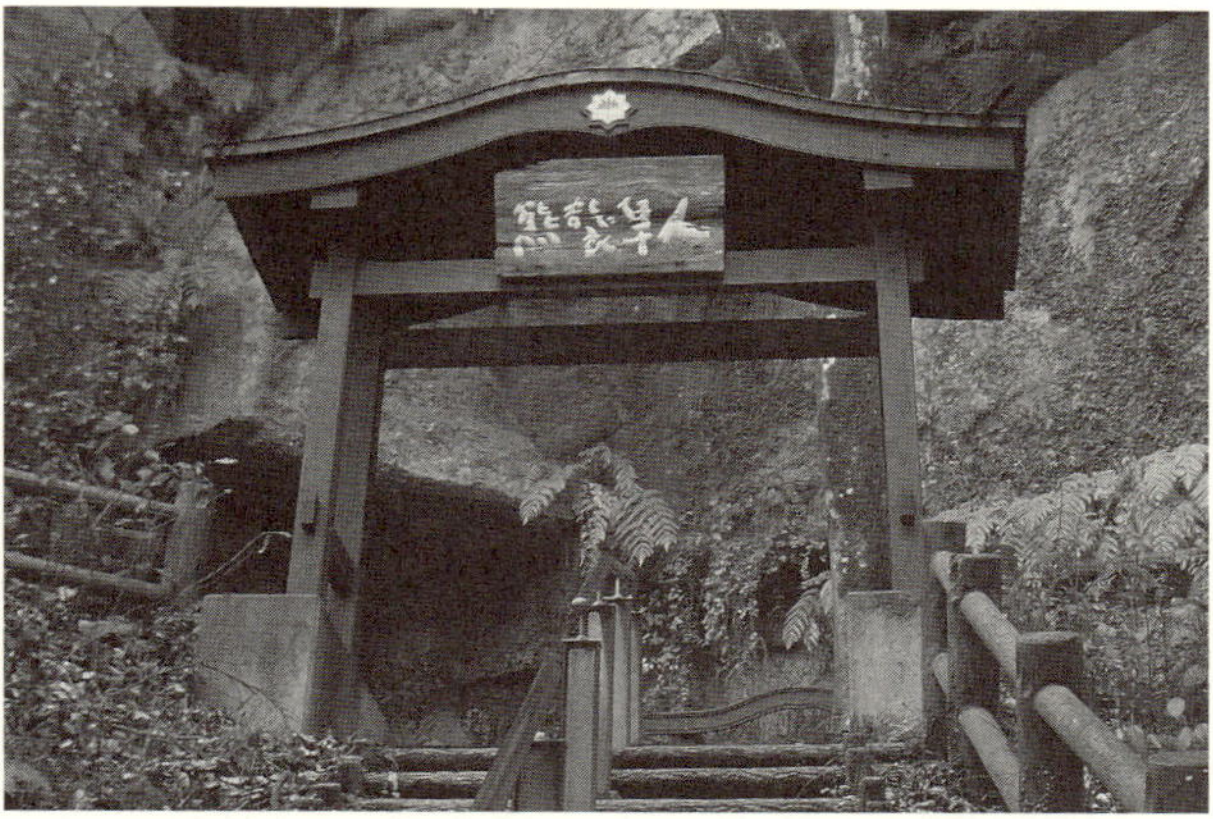

鹿児島県霧島市にある熊襲の穴。ヤマトタケルに倒されたクマソタケルの弟がこの穴に住んでいたと伝わる（写真提供：霧島市観光課）

タケル兄弟が討伐され、弟がヤマトタケルの名を献上した。これ以降、熊襲は史料としての「記・紀」に出てこなくなる。

●熊襲と隼人は同じ集団か

一方、隼人は「記・紀」の海幸《うみさち》・山幸《やまさち》神話に登場する。それによると、海幸彦《うみさちひこ》が弟の山《やま》幸彦《さちひこ》（神武天皇の祖）を殺そうとして失敗するが、最後は弟に服従し宮殿の警護を買って出る。この海幸彦が隼人の祖とされている。

ヤマト政権とその周辺の人物に仕える隼人の記事も少なくない。たとえば『日本書紀』には、隼人が五世紀の履中《りちゅう》天皇、雄略《ゆうりゃく》天皇らの側近として仕えていたことが記されている。履中天皇の祖父の応神天皇の時代以降、日向から妃が迎えられていることを考えると、日向と隣接する大隅隼人一族から召し出されて仕えていたと考えられる。

隼人のなかで特に有力だった大隅隼人や阿多《あたの》隼人は、やがてヤマト政権によって畿内に移住させられ、宮殿の警備などを担わされるようになった。国家体制に組み込むことにより、勢力を減退させようとする狙いがあったものと推察できる。

七世紀後半になると、隼人が朝貢《ちょうこう》を開始。地元の特産物をもって都を訪れるようになった。『日本書紀』には六八二（天武《てんむ》天皇十一）年に大隅隼人と阿多隼人が朝貢を行ない、飛鳥寺《あすかでら》の西でもてなされたという記事が残る。ヤマト政権の勢力が九州にまで伸長したため、従属に近い関係を強《し》いられたようだ。

こうして「記・紀」の記事をみる限り、熊襲と隼人は別々の集団のように思える。しかし最近では、同じ集団だったのではないかとする説が一般的になっている。熊襲はヤマト政権への服従を拒み続けたがのちに臣従《しんじゅう》し、その後は隼人として朝貢を重ねるなど政権に仕えたというのである。

ただし、隼人は朝貢開始後もたびたび反乱を起こし、政権を悩ませ続けた。「まつろわぬ者」を押さえつけるのは、そう簡単なことではなかったのだ。

隼人塚

鹿児島県霧島市の隼人塚史跡館には、隼人の霊魂を祀るために３基の石塔と４体の石像が立てられている

熊襲・隼人関連年表

西暦	和暦	出来事
?	?	「記・紀」にヤマトタケルや神功皇后による熊襲征討伝承が残る
?	?	ミズハワケ皇子（のちの反正天皇）の命を受けた隼人が住吉仲皇子を殺害する
476	?	倭王武の上表文に「東は毛人を征すること五五国、西は衆夷を服すること六六国」と伝わる
?	?	雄略天皇の葬送儀式の際、陵墓の側で隼人が泣き叫ぶ
400年代末	?	清寧天皇の時代に蝦夷と隼人が服従する
540	?	蝦夷と隼人が仲間を引き連れて服従する
585	?	隼人が敏達天皇の殯宮を警護する
616	推古 24	屋久島（あるいは琉球）の者が来朝する
682	天武 12	大隅と阿多の隼人が朝貢する

三輪山

大物主神を崇めることで国の祭祀権を確立

●初期ヤマト政権が崇めた三輪山の神

集団の結束を強めるために、宗教が用いられることがある。ヤマト政権もまた、三輪山《みわやま》の神の祭祀を執り行なうことで団結を強めようとした。

三輪山はヤマト政権発祥の地とされる纒向《まきむく》遺跡の南東に位置するなだらかで美しい山で、大物主神《おおものぬしのかみ》を祀る。標高四六七メートルの山全体が西麓にある大神《おおみわ》神社の御神体《ごしんたい》とされ、「三諸《みもろ》の神奈備山《かむなびやま》（神が鎮座《ちんざ》する山）」として古くから神聖視されてきた。山中には祭祀跡とみられる磐座《いわくら》が多数残されており、特別な許可がなければ入山することができない。

纒向の地に暮らしていた人々は、この三輪山を崇《あが》めた。そしてヤマト政権は、三輪山に鎮座する大物主神を祀ることによって国の支配を確固たるものにしたのである。

纒向遺跡には第十代崇神《すじん》天皇、第十一代垂仁《すいにん》天皇、第十二代景行天皇の三帝が宮居したとされ、彼ら大王がみずから祭祀を執り行なっていたとも考えられている。『日本書紀』

三輪山

西麓に位置する大神神社は最も古い神社のひとつとされ、三輪山全体を御神体としているため本殿を設けていない

山ノ神遺跡

三輪山の西麓では神々がとどまる依り代とされる磐座が多くみられる。この山ノ神遺跡もそうした磐座のひとつである（写真提供：大神神社）

の崇神天皇の条《じょう》に、その祭祀にまつわる伝承がいくつか記されているので紹介しよう。

ひとつ目は大物主神の託宣《たくせん》の伝承だ。

あるとき国内で疫病《えきびょう》が流行し、民の半数が死亡する惨事が起こった。崇神天皇が大物主神に教えを請《こ》うと、夢枕《ゆめまくら》に立った大物主神が「わが子大田田《おおたた》根子《ねこ》にわたしをよく祀らせなさい」と告げた。そのお告げの通りにしたところ、疫病は治まったという。

後継者を決める夢占いの伝承もよく知られている。ふたりの皇子のうちどちらを後継者にするかで悩んだ崇神天皇は、ふたりがみた夢で判断することにした。兄の豊城命《とよきのみこと》がみた夢は三輪山に登り、東に向かって八回槍を突き出し、八回刀を空に振り回すというもの。一方、弟の活目尊《いくめのみこと》は三輪山の上で粟《あわ》を食べる雀《すずめ》を追い払う夢をみた。夢の内容を聞いた崇神天皇は、兄には東国の統治を託し、弟には国の統治を命じたという（弟はのちに垂仁天皇として即位した）。

なぜ、崇神天皇は弟の活目尊を後継者にしたのか。古来、天皇は山の上から四方をみて、その土地の支配権を獲得する「国見《くにみ》」の神事を行なっていた。活目尊がみた夢はまさに国見であり、三輪山の神から害鳥駆除のお告げを受けたという。崇神天皇は、活目尊の夢のほうが皇位を継ぐ者として適切だと判断したのだ。

●「イリ」という独特な語と祭祀権

また、崇神天皇とその皇統の人名をみると、崇神天皇が三輪山の祭祀権を掌握したことが明らかになるという興味深い説がある。

こらむ　古代史ミステリー

三輪山周辺で散見される出雲の地名

三輪山周辺の地図をみると、出雲郷、出雲屋敷といった出雲を連想させる地名の多さに気づくだろう。出雲といえば出雲大社の鎮座する島根県が想起されるが、出雲系の地名が奈良県に多数あるとはどういうことか。じつはこれについては、ヤマト政権による征服の歴史の跡ではないかともいわれている。もともと三輪山周辺には出雲系の氏族が居住しており、それをヤマト政権が征服して文化を取り込んだ。だから出雲関連の地名がのちのちまで残されたという説が唱えられているのである。

崇神天皇の名はミマキイリヒコイニエ、次の垂仁天皇はイクメイリヒコイサチといい、どちらにも「イリ」という独特な語が含まれている。これを「よりくる」と解釈し、「三輪山を中心に依《よ》りついた王朝」の意ととれば、崇神天皇が祭祀権を掌握したと考えられるのではないか——。

歴史学者の上田正昭氏は著書『日本の歴史2　大王の世紀』（小学館）において、そのような見解を披露している。

崇神天皇を含む皇統は代々大物主神を祖先神としてきたが、第二十六代継体《けいたい》天皇のときに天照大神《あまてらすおおみかみ》への変更がなされた。それまでヤマト政権は三輪山の大物主神の祭祀を通じて勢力を伸ばしていったのである。

第二章
ヤマト政権の国内統一

伊勢

天照大神の終の住処として神格化された伊勢神宮

●なぜ天照大神は伊勢に鎮座したのか

三重県伊勢市に鎮座する伊勢神宮《いせじんぐう》は、天皇家の皇祖神《こうそしん》である天照大神を祀る神社で、全国に約八万社存在するといわれる日本の神社の頂点に君臨している。この伊勢神宮を奉じたのはヤマト政権で、第十一代垂仁天皇の時代のこととされる。

『日本書紀』によると、天照大神は天孫降臨の際、瓊瓊杵尊に「この鏡をわたしだと思って宮殿に祀り、祭祀を行ないなさい」と宝鏡《ほうきょう》を渡した。この言葉に従って天照大神は宮中に祀られることになったが、その後、天照大神が大和の笠縫邑《かさぬいのむら》に遷座《せんざ》し、豊鍬入姫《とよすきいりひめ》が祭祀にあたった。

そして次の垂仁天皇の時代になると、皇女の倭姫《やまとひめ》が天照大神の鎮まる聖地を求めて各地を巡行《じゅんこう》。伊勢の地を訪れたときに天照大神が仰せられた「伊勢は美しい国だ。わたしはここに居りたいと思う」という言葉を受け、五十鈴《いすず》川のほとりに祠《ほこら》が建てられたという。

伊勢神宮

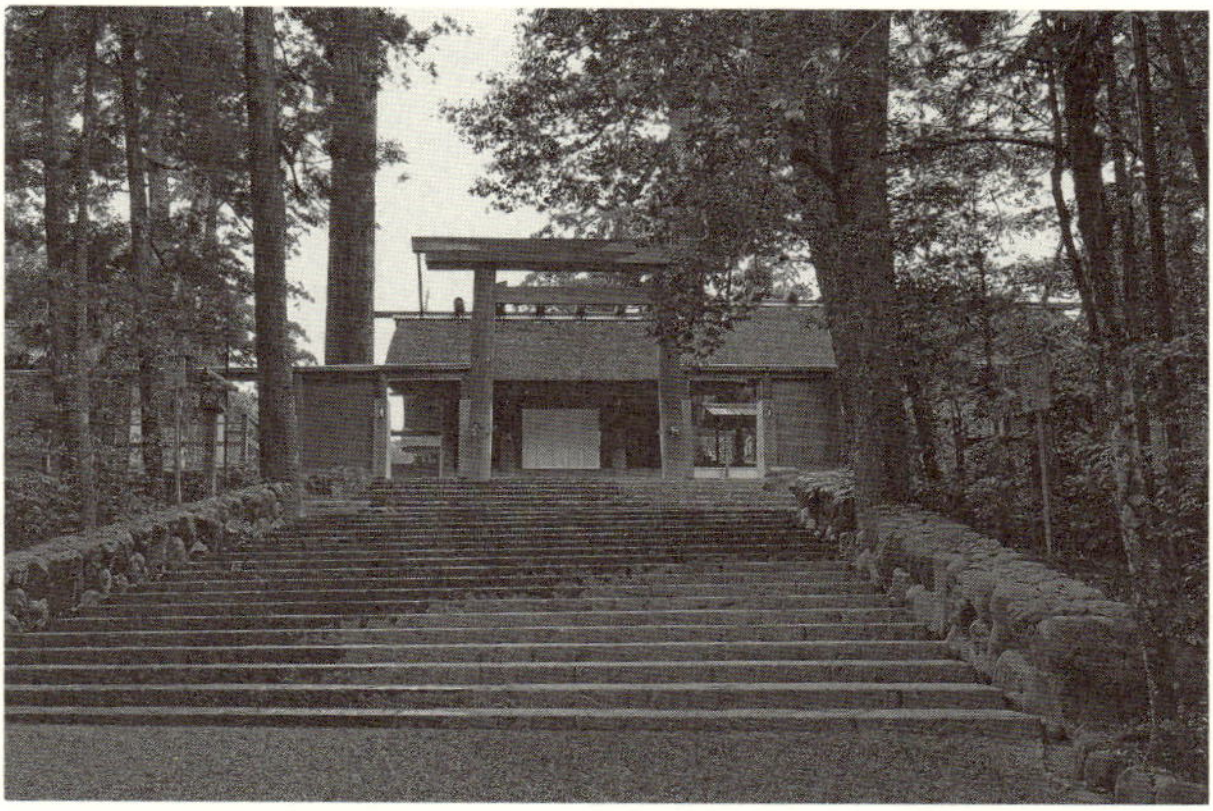

日本全国に約8万社存在するといわれる神社のなかで、最も格式が高い。内宮と外宮を中心とする125社からなる

これが伊勢神宮の起源である。

一方、神道五部書のひとつに数えられる『倭《やまと》姫命《ひめのみことの》世記《せいき》』は、『日本書紀』とは異なる起源譚《げんたん》を記している。

まず豊鍬入姫が天照大神の鎮座地を探して丹波《たんば》や吉備を巡行し、後事を倭姫が引き継ぐ。倭姫は伊賀《いが》、美濃《みの》、尾張《おわり》などを巡り、最終的に伊勢にたどりついたというのである。

しかしながら、なぜ伊勢が選ばれたのか。

その理由のひとつは、伊勢湾が海上交通の要衝だったことに加え、神への最上のお供え物とされていたアワビをはじめとする海の幸、さらに山の幸も豊富に採れる土地だったからといわれている。

また、太陽神である天照大神が大和の東に

位置し、太陽信仰の盛んな伊勢を終《つい》の住処《すみか》とすることで、その神格をより強めようとしたという説もある。

ただし、伊勢神宮が最高位の神社として位置づけられるようになるのは、まだ先のことである。六七二（天武《てんむ》天皇元）年、伊勢神宮に祈願した天武天皇が壬申《じんしん》の乱に勝利し、神宮に対する尊崇《そんすう》を高めたことをきっかけに、伊勢神宮は他の神社を超える権威をもつようになったといわれている。

●ヤマト政権下で政教分離が進んだ可能性

伊勢神宮の起源伝承は、ヤマト政権の信仰の形を探る上でも注目される。

『日本書紀』と『倭姫命世記』双方の起源伝承において、皇祖神の祭祀が天皇の手から離れ、巫女《みこ》的な女性に託されている。これは神祇崇拝《じんぎすうはい》のあり方が変化したことを示すのではないかといわれているのだ。

それまでの皇祖神祭祀は宮中で行なわれていたが、この頃になると宮中から切り離され、独立して行なわれるようになった。つまり、いまでいう〝政教分離〟を推進するような出来事があったと考えられるというのである。

天照大神の巡行ルート（『倭姫命世記』による）

籠神社

吉佐宮跡と伝わる

檜原神社

笠縫邑の比定地のひとつとされる

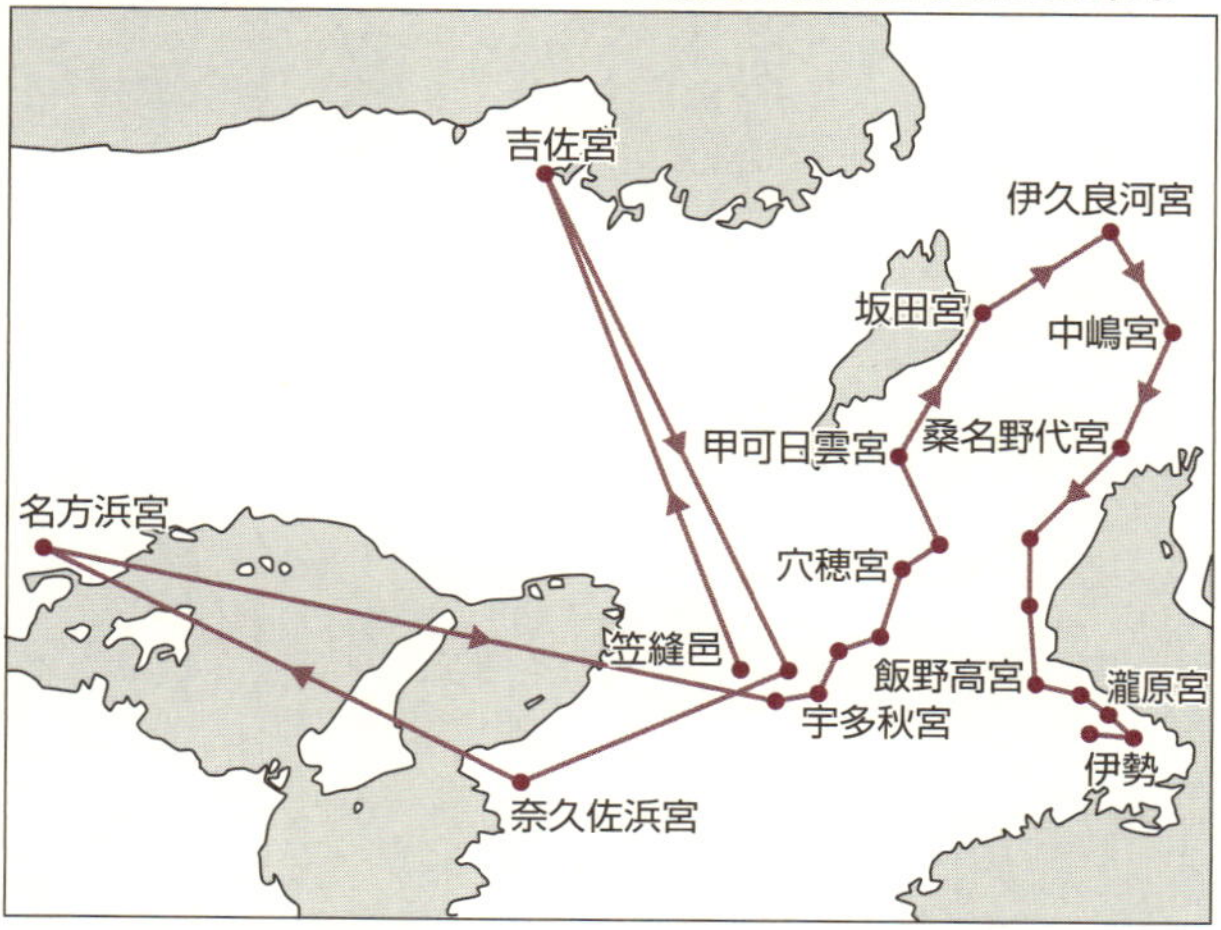

五十鈴川

伊勢神宮の内宮の起源となった

瀧原宮

伊勢の直前にアマテラスが鎮座した

王権の移動

天皇の古墳が纏向・佐紀・河内へと移動した理由

●転々と変わりゆく四つの古墳群

三世紀半ば、ヤマト政権発祥の地とされる纏向の地に、日本最古の前方後円墳といわれる箸墓古墳が築かれた。その後、三世紀後半から四世紀前半にかけて纏向遺跡の周辺には西殿塚《にしとのづか》古墳（二三五メートル）、行燈山《あんどんやま》古墳（二四二メートル）といった二〇〇メートル超の巨大古墳や一〇〇メートル級の前方後円墳、前方後方墳などが次々とつくられた。これを大和《やまと》・柳本《やなぎもと》古墳群という。

しかし、四世紀前半に渋谷向山《じぶたにむこうやま》古墳（三〇〇メートル）が築造されると、大和・柳本古墳群では前方後円墳がつくられなくなり、古墳の築造場所は時代とともに移動していく。

四世紀後半から五世紀後半に大型古墳の築造ラッシュが起こったのが、奈良（大和）盆地北部に位置する佐紀《さき》と同盆地南部に位置する馬見《うまみ》。佐紀には五社神《ごさし》古墳（二七三メートル）やウワナベ古墳（二五六メートル）などが築かれ（佐紀古墳群）、馬見には築山《つきやま》古墳（二

移動する古墳群

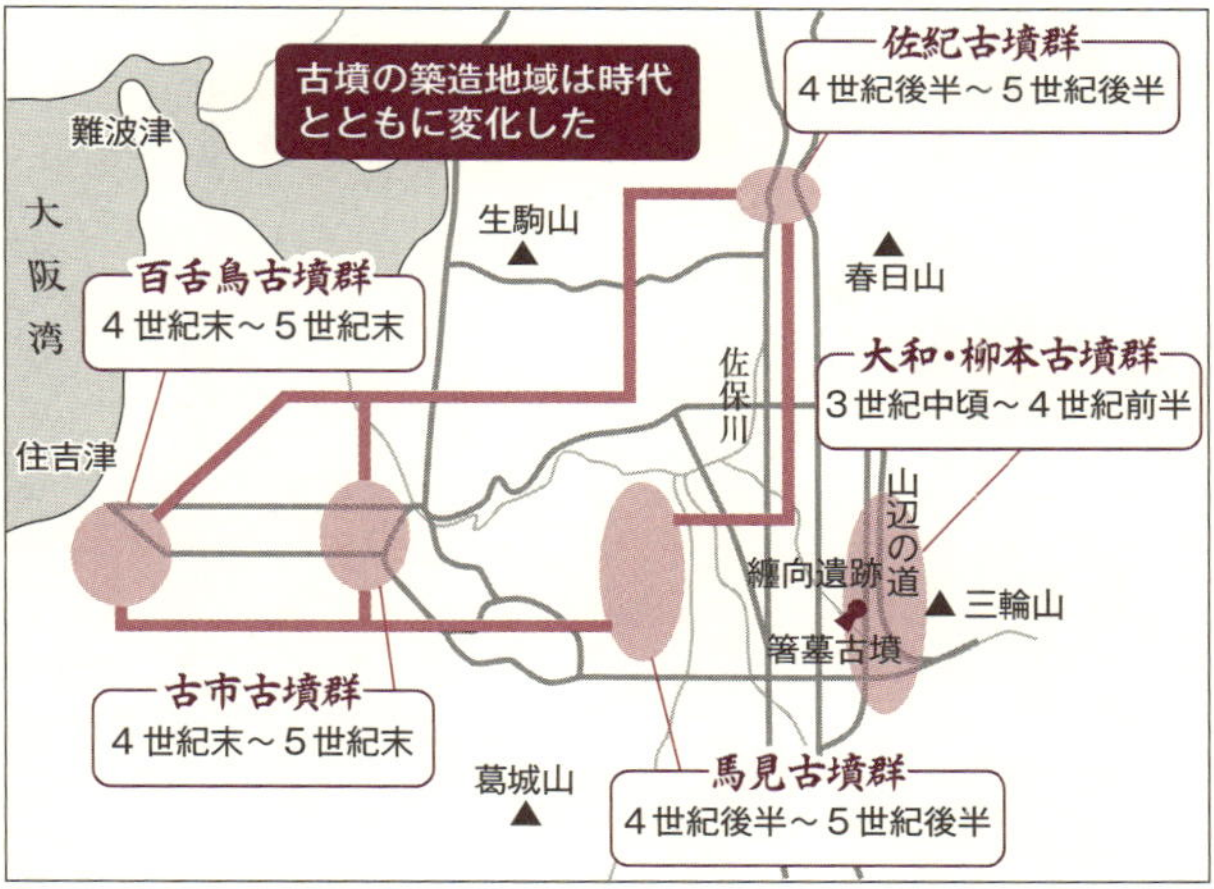

一〇メートル）や巣山《すやま》古墳（二二〇メートル）などが築かれた（馬見古墳群）。

そして四世紀末には大阪（河内《かわち》）平野の古《ふる》市《いち》と百舌鳥《もず》に大型古墳がつくられ始める。古市古墳群を代表する古墳は、応神《おうじん》天皇陵に比《ひ》定《てい》される全国2位の規模の誉田御廟山《こんだごびょうやま》古墳（四二五メートル）や岡《おか》ミサンザイ古墳（二四二メートル）。百舌鳥古墳群の代表は、履中天皇陵に比定される上石津《かみいしづ》ミサンザイ古墳（三六〇メートル）や仁徳《にんとく》天皇陵に比定される日本最大規模の大山《だいせん》（大仙陵《だいせんりょう》）古墳である。

このように畿内の古墳群は、三輪山山麓の纏向から奈良盆地北部の佐紀、同盆地南部の馬見を経て、大阪平野へと移動した。いったいなぜ、こうした現象が起こったのだろうか。

その理由については、大きくふたつの説が唱えられている。

●古墳の設営地の移動と王朝交替

ひとつ目は土地不足説である。同じ場所に集中的に築造していれば、当然ながら古墳が過密状態になっていく。そして、いよいよ大王墓をつくるにふさわしい土地が不足してきたため、設営地を移動したという。纏向から佐紀への移動については、王宮は変わらず纏向にあり、移動したのは墓所だけとの意見もある。

もうひとつの説は王朝交替説である。天皇家は万世一系《ばんせいいっけい》とされているが、じつは途中で王朝交替があったともいわれている。古墳群の移動はそれを示すもので、王権の担当者が代わったから古墳の設営地も移動したというのである。

王朝交替説はいくつかあるが、歴史学者の水野祐氏のものがよく知られている。それによると、第十代の崇神天皇から始まる古王朝（三輪王朝）、第十五代の応神天皇、あるいは第十六代の仁徳天皇から始まる中王朝（河内王朝）、第二十六代の継体天皇から始まる新王朝（継体王朝）と、古代の王権は三つの王朝が交替して発展したという。

三世紀末から四世紀にかけては、実在した最初の天皇と目される崇神天皇の王朝が三輪山麓を本拠地として権勢を振るい、大和・柳本古墳群を展開した。だがその後、応神天皇の王朝がそれまでの王朝にとって替わった。この時期に古墳の設営地が大和から大阪平野へと移動し、古市・百舌鳥古墳群が展開された。誉田御廟山古墳や大山古墳をみると、この王朝の力がいかに強大だったかがうかがえる。

ただし、王朝交替説については考古学的な証拠がみつかっておらず、あくまで仮説にすぎない。王朝が交代したなら前方後円墳などの墓制も変化するのではないかという反論が唱えられるなど、懐疑的な意見も少なくない。

王朝交替説

古王朝
（三輪王朝：３世紀末～４世紀）
大和の三輪山山麓を本拠地とする政権で、大和・柳本古墳群を築造した

↓

中王朝
（河内王朝：５世紀）
大阪平野の河内を本拠地とする政権で、百舌鳥・古市古墳群を築造した

↓

新王朝
（継体王朝：６世紀）
越出身の継体天皇を祖とする政権で、現在まで続いている

こらむ

「毛人」の名で『宋書』に記された蝦夷

「まつろわぬ民」と呼ばれるヤマト政権の抵抗勢力の代表格として、南九州の熊襲と隼人を紹介したが、もうひとつ、蝦夷《えみし》の存在も忘れてはならない。

『日本書紀』や『続日本紀《しょくにほんぎ》』などによると、蝦夷は本州の北部に存在したとされる勢力である。日本語とは異なる言葉を話し、性格は凶暴、農耕をせず住居に定住することもなかったという。中国の史書『宋書』にも「毛人《もうじん》」という名で言及されている。

そんな蝦夷に対し、ヤマト政権は幾度となく討伐を実施。神武天皇の東征やヤマトタケルの遠征は、蝦夷平定のエピソードも踏まえてつくられたとも考えられている。

このようにヤマト政権からは蛮族とみなされていた蝦夷だが、ヤマト政権側の史料の多くは国家成立の歴史を整えるための創作とされており、その実態はよくわかっていない。〝つくられた民族〟の可能性すら否定できないのである。

第三章

朝鮮半島への進出と巨大古墳

沖ノ島祭祀

玄界灘に浮かぶ〝神の島〟で何が行なわれたのか

●玄界灘に浮かぶ孤島の重要な役割

ヤマト政権は四世紀から朝鮮半島との接触をはかっていたが、五世紀頃になると次第に半島進出を積極化させていく。このヤマト政権の半島進出において重要な役割を担っていたのが沖ノ島《おきのしま》である。

沖ノ島は九州本土の北西約六〇キロ、玄界灘《げんかいなだ》に浮かぶ周囲約四キロの小さな孤島である。島全体が宗像大社《むなかたたいしゃ》・沖津宮《おきつみや》の境内《けいだい》で、宗像三女神の一柱である田心姫神《たごりひめのかみ》を祀《まつ》っており、古来、「神の島」「聖なる島」とみなされてきた。また女人禁制とされていて、男性でも神職以外は上陸を認められていない。

こうした沖ノ島の地理的条件と厳格な掟は、島の保存に大きく貢献した。一九五〇年代に島の発掘調査が始まると、多数の遺構や遺物が良好な状態で発掘され、「海の正倉院《しょうそういん》」といわれるようになった。そして二〇一七（平成二十九）年には世界遺産に登録されている。

沖ノ島

沖ノ島は宗像大社・沖津宮の御神体であり、信仰の対象になっている。そのため、世界遺産となった今も一般の立ち入りは禁じられている

では、ヤマト政権が朝鮮半島に進出する際に沖ノ島が果たした重要な役割とは何か。それは祭祀《さいし》にほかならない。

●沖ノ島の古代祭祀は四段階に分かれる

地図（八九頁）をみるとわかるように、沖ノ島は九州と朝鮮半島を結ぶ航路の途上に位置する。それゆえ、この島では海路の安全や外国との交流の成功を願う祭祀が行なわれていたのである。祭祀は四世紀後半から始まり、六世紀に訪れた最盛期を経て十世紀初頭まで続いたが、考古学者の小田富士雄氏によると、大きく四段階に分けられるという。

第一段階は四世紀後半から五世紀にかけて岩上《がんじょう》で祭祀が行なわれ、銅鏡《どうきょう》や腕飾り、武器などが捧げものとして供えられた。

第二段階は五世紀後半から六世紀にかけて、岩陰《いわかげ》で祭祀が行なわれた。巨岩の下の岩陰に鉄製の武器や馬具のほか金属製の雛形《ひながた》、土器類などが供えられた。さらにペルシアのガラス碗など、海外の珍宝が奉納されることもあった。

第三段階は七世紀前半から八世紀後半にかけて、半岩陰《はんいわかげ》・半露天《はんろてん》で祭祀が行なわれた。これは岩陰と露天（平地）の両方で実施されるもので、金属製の雛形や朝鮮半島由来の金銅製の龍頭《りゅうとう》などが供えられた。

第四段階は八世紀から十世紀初頭にかけて、露天で祭祀が行なわれた。この段階になると巨岩のある地域から離れ、現在の沖津宮社殿付近の平地で祭祀が実施された。奈良時代の三彩小壺《さんさいこつぼ》や銭、滑石《かっせき》と呼ばれる石で造られた形代《かたしろ》などが奉納された。

しかし、この四段階変遷説には反論も唱えられている。

神道学者の笹生衛氏によると、岩上祭祀の代表的な遺跡である一七号遺跡などは、祭祀を行なう場所にしてはあまりに狭く、豪華な供え物をしたり、多くの人々が礼拝するスペースを確保するのはきわめて難しい。そこから笹生氏は、祭祀が行なわれたのは、沖ノ島の神を象徴し十分な広さを確保できる白い巨岩群の下であった可能性を指摘する。その場

玄界灘に浮かぶ沖ノ島

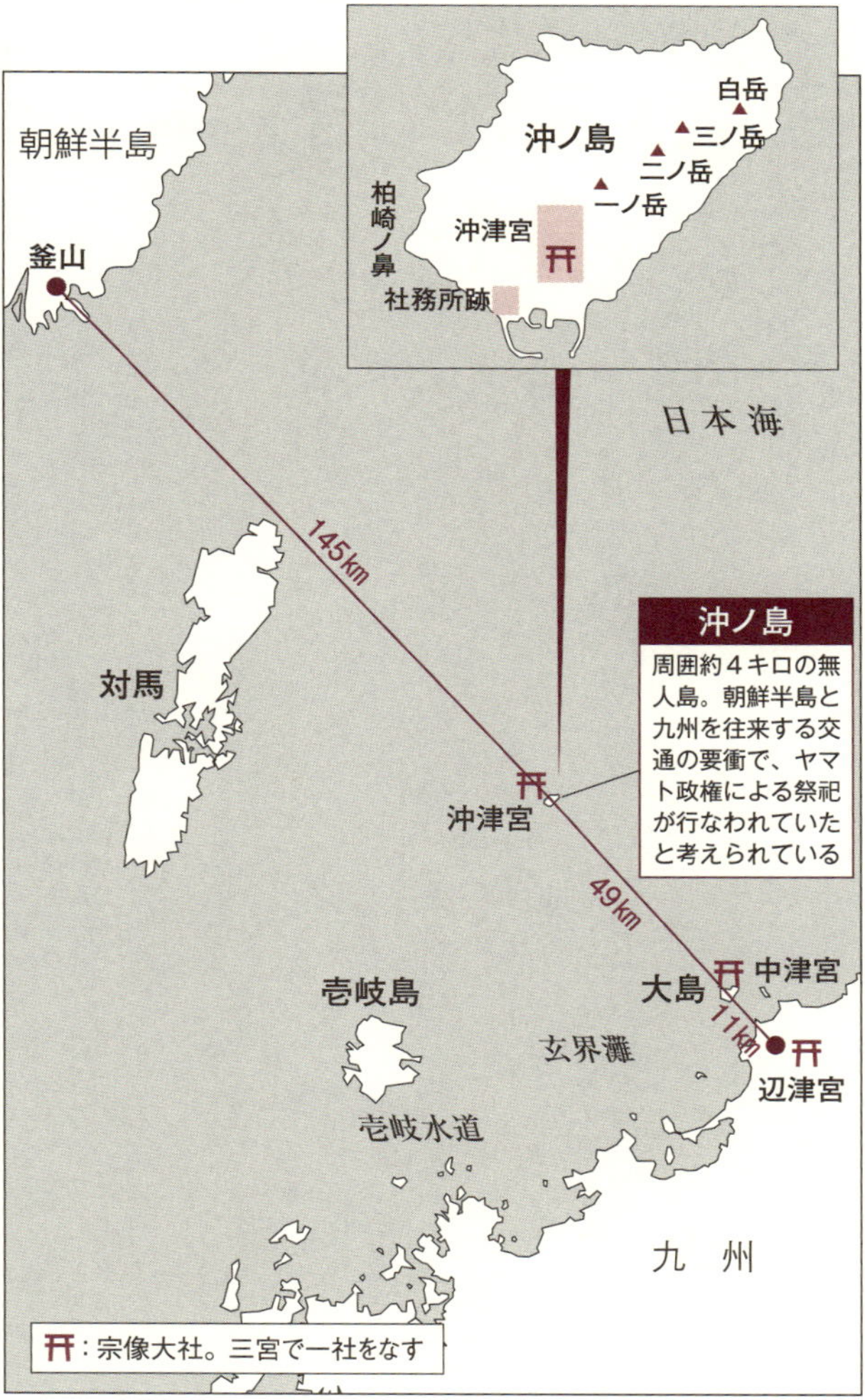
白岳
三ノ岳
沖ノ島
二ノ岳
一ノ岳
柏崎ノ鼻
沖津宮
社務所跡
朝鮮半島
釜山
日本海
145km
沖ノ島
周囲約４キロの無人島。朝鮮半島と九州を往来する交通の要衝で、ヤマト政権による祭祀が行なわれていたと考えられている
対馬
沖津宮
49km
中津宮
壱岐島
大島
11km
玄界灘
辺津宮
壱岐水道
九　州
：宗像大社。三宮で一社をなす

合、奉納品が時代ごとにまとまって出土しているのはなぜかという疑問が生じるが、それについては祭祀の後、まとめて納められたためではないかと推測している。

ただし、いずれの説も確証がなく、祭祀の場とその形の実態はさらなる調査研究を待つ必要がありそうだ。

●祭祀の主宰者はヤマト政権か

沖ノ島で出土した奉納品は、質的にも量的にも北九州の古墳で発掘されたものを大きく上回っている。そこからわかるのは、沖ノ島の祭祀の主宰者はヤマト政権であった可能性が高いということだ。

当時、北部九州では宗像氏が大きな勢力を誇っていた。宗像氏はこの地の航海民をまとめる首長《しゅちょう》だった。朝鮮半島や大陸に進出し、交易を行なったりもしていたが、ヤマト政権に対しては服従していたとみられる。

ヤマト政権は、この宗像氏を通じて祭祀を執り行なっていたと考えられる。つまり、沖ノ島の祭祀は国家祭祀であったわけだ。朝鮮半島との交易は、ヤマト政権にとって欠かせないものになっていたのだろう。

純金製指輪

岩陰祭祀の奉納品とされる。新羅の王陵から出土した指輪と似ており、朝鮮半島との交流がうかがえる（写真提供：宗像大社）

こらむ　古代史ミステリー

任那日本府は存在したのか

『日本書紀』によると４世紀以来、ヤマト政権は朝鮮半島南部の任那《みまな》に「日本府」という拠点をつくり、長期間にわたって任那や百済《くだら》、新羅《しらぎ》を支配したとされている。しかし、この日本府の存在については大きな疑問が投げかけられている。当時は「日本」という国号がまだなかったため、任那日本府にまつわる『日本書紀』の記事は作為性が強いというのだ。近年は在地の倭人連合であったとする説や、ヤマト政権から送り込まれた役人と任那の執事による協議体であったとする説などが唱えられている。ただ、それも真偽は不明で、呼称も実態も多くの謎に包まれている。

広開土王碑

高句麗への攻撃を執拗に繰り返したヤマト政権の狙い

●英雄・広開土王の功績を称える石碑

四世紀以降、積極的に朝鮮半島へ乗り出していったヤマト政権。その進出状況を示す史料が、現在の北朝鮮・中国国境にほど近い中国吉林省《きつりん》集安《しゅうあん》市に残されている。広開土王《こうかいどおう》碑《ひ》（好太王碑《こうたいおうひ》）と呼ばれる高さ約六メートル、幅約一・六メートルの巨大な石碑である。

広開土王は高句麗《こうくり》第十九代の王で、正式には国岡上広開土境平安好太王《こくこうじょうこうかいどきょうへいあんこうたいおう》という。四世紀末から五世紀初めまでの在位期間中、領土を拡大し、高句麗に最盛期をもたらした。韓国海軍の広開土王級駆逐艦《くちくかん》は彼の名にちなむ。

広開土王碑は、広開土王の息子の長寿王《ちょうじゅおう》が父王の功績を称えるために四四一年に建立した。表面に書き綴《つづ》られているのは主に広開土王の武勲《ぶくん》や功績だが、倭《わ》（ヤマト政権）についても言及されており、それを読み解くと四世紀末から五世紀初めにおけるヤマト政権の半島進出状況がうかがえるのである。

「倭」の朝鮮侵攻

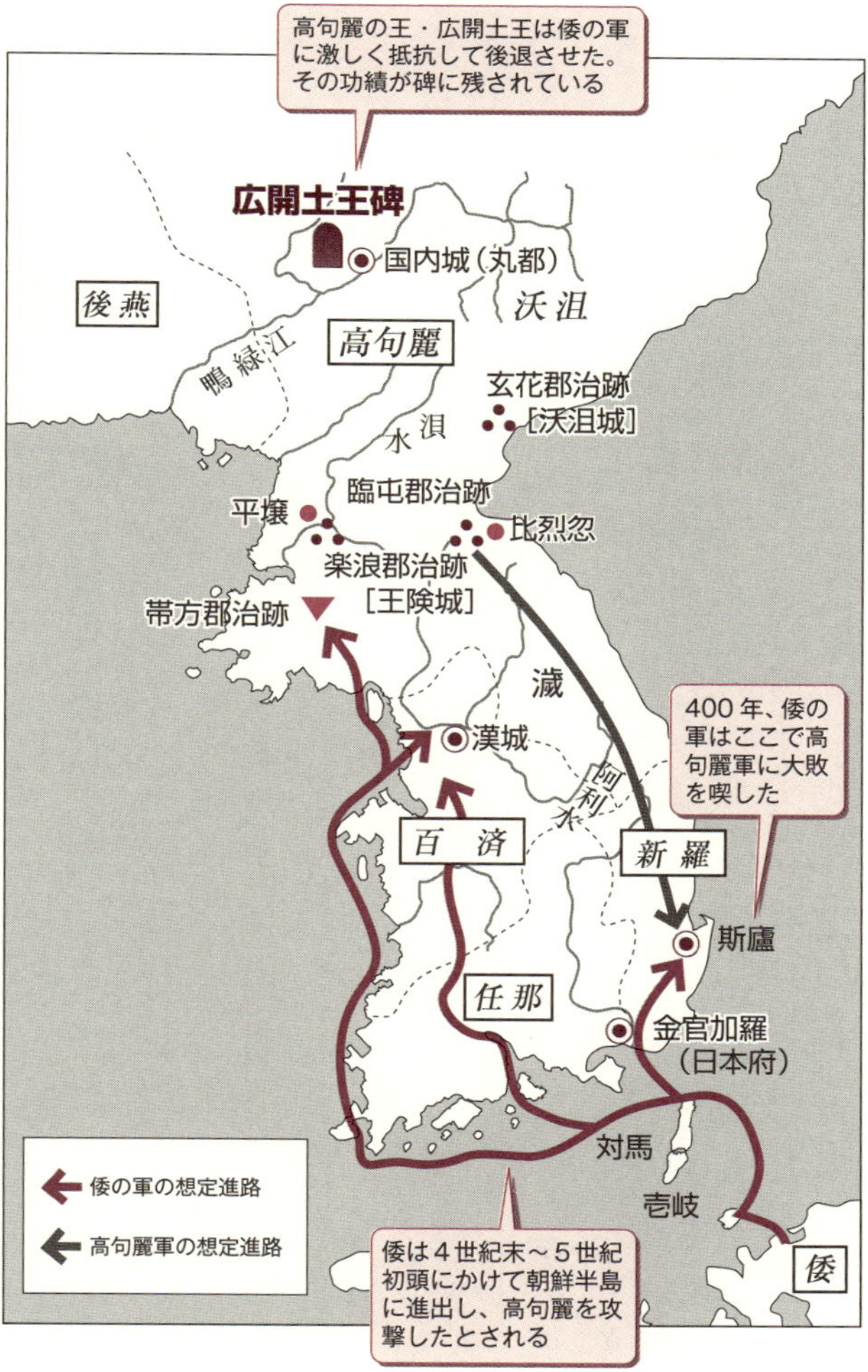
高句麗の王・広開土王は倭の軍に激しく抵抗して後退させた。その功績が碑に残されている
広開土王碑
国内城（丸都）
後燕
沃沮
高句麗
鴨緑江
玄花郡治跡
［沃沮城］
水
浿
臨屯郡治跡
平壌
比烈忽
楽浪郡治跡
［王険城］
帯方郡治跡
濊
漢城
400年、倭の軍はここで高句麗軍に大敗を喫した
阿利水
百済
新羅
斯盧
任那
金官加羅
（日本府）
対馬
壱岐
倭
倭の軍の想定進路
高句麗軍の想定進路
倭は4世紀末～5世紀初頭にかけて朝鮮半島に進出し、高句麗を攻撃したとされる

●高句麗を相手に連戦連敗のヤマト政権

当時、朝鮮半島では高句麗、新羅《しらぎ》、百済《くだら》などが覇《は》を競っていた。そこに倭が乗り出していき、半島における影響力を拡大しようとした。その状況について、広開土王碑には次のような内容が書かれている。

百済や新羅はもともと高句麗に服属しており、貢物《みつぎもの》をもって朝貢《ちょうこう》してきていた。ところが三九一年、倭の軍が海を渡って朝鮮半島にやってきて百済や新羅を攻め破り、臣民《しんみん》にしてしまう。これを受けた広開土王は三九六年、倭と結んでいた百済に出兵。百済の五八の城を落とし、首都・漢城《かんじょう》を陥落させると、王の弟などを人質にとって凱旋《がいせん》した。

百済は高句麗に服属したが、三九九年に誓いを破って再び倭と結託して新羅に侵攻した。広開土王は新羅の要請を受け、四〇〇年に五万の大軍を率いて新羅を救援する。倭の軍も多数の兵士を擁していた。しかし、高句麗の軍が新羅の王都に迫ると、倭の軍は退却を始め、みな散り散りに逃げていった。

倭は連敗を喫《きっ》しながら、その後も侵攻を続けた。四〇四年には高句麗領の帯方郡《たいほうぐん》まで攻め入った。しかし、このときも大勝したのは広開土王率いる高句麗だった。広開土王は四〇七年にも五万の大軍で倭に大勝し、戦利品として兜《かぶと》や鎧《よろい》を一万あまり手に入れた。

広開土王碑文

1927年頃にとられた石灰拓本

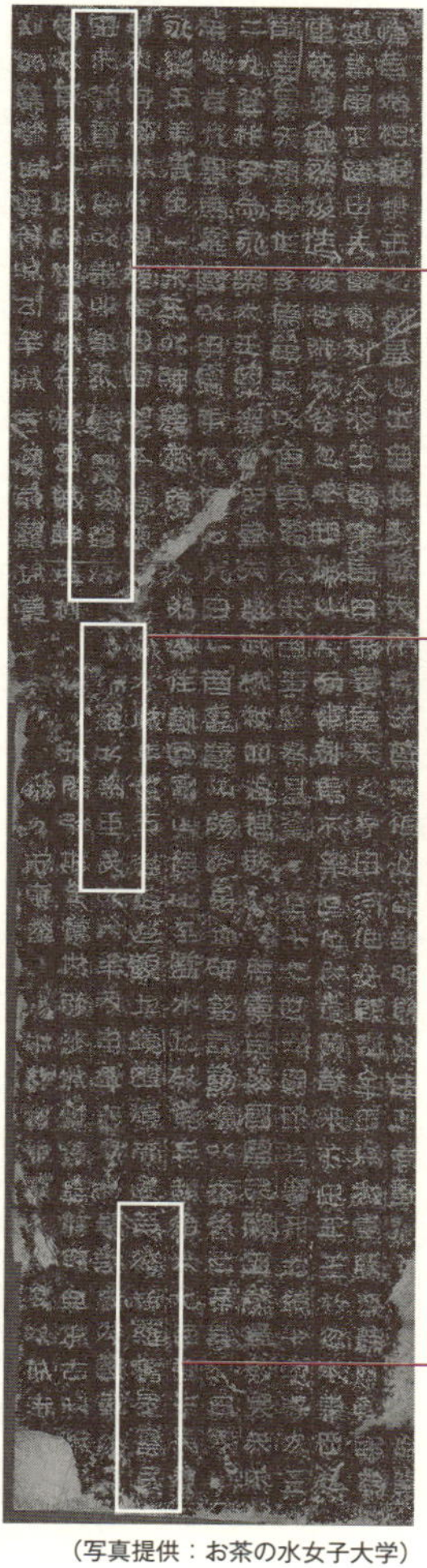

（写真提供：お茶の水女子大学）

広開土王碑

百残新羅旧是属民
百残・新羅は旧是属民にして
〈百済や新羅は元は高句麗に服属した国の民で〉

由来朝貢　而倭以辛卯年来渡海　破百残
由来朝貢す。而るに倭は辛卯年以て来たりて海を渡り、百済
〈服属して以来、貢物をもってやってきた。しかし三九一年、倭の軍が海を渡ってやってきて、百済や〉

□□羅以為民
□□・新羅を破り、
〈新羅などの軍を破り、これを臣民としてしまった〉

こうしてみると、倭は三九一年から四〇七年にかけて朝鮮半島に進出していたことがわかる。広開土王率いる高句麗の軍と何度か戦ったが、勝利することはできなかったようだ。もちろん、碑文がどこまで史実なのかはわからない。広開土王を讃《たた》えるためにつくられた石碑だから、高句麗の都合のいいように脚色されている可能性もある。だが当時、倭が朝鮮半島に進出し、高句麗や新羅と対立していたことは確かだと考えらえる。

●なぜ、負け続けても半島から撤退しなかったのか

それにしても、なぜヤマト政権は朝鮮半島への進出にこだわり続けたのだろうか。

ヤマト政権が目指したのは領土の獲得・拡大ではない。同盟国である百済や任那、伽耶《かや》といった半島南部の勢力との関係を維持し、権益を守ることが最大の目的だったとされる。

さらに鉄や鉄製品、先進文化や技術の獲得も狙っていた。鉄製品がもたらされると、兵士や特産物を見返りとして提供したともいわれている。

ヤマト政権が高句麗に負け続けたことを考えると、その国際戦略は成功といえるものではなかっただろう。高句麗中心の国際秩序の枠組みに取り込まれるようなことはなかったが、半島での影響力は低下してしまったと推測される。

こらむ　古代史ミステリー

旧日本軍による碑文改竄説

広開土王碑は1884（明治17）年に日本に紹介された。

旧日本陸軍参謀本部の酒匂景信《さこうかげのぶ》がこの石碑に注目して拓本《たくほん》をとり、日本に持ち帰ると、参謀本部で碑文の解読が進められた。

このとき、碑文が改竄《かいざん》されたのではないかという説がある。

改竄説の提唱者は在日韓国人の歴史学者の李進熙《りじんひ》氏で、1972（昭和47）年に発表された。

李氏によると、もともと碑文には「倭の軍が海を渡って朝鮮半島にやってきて百済や新羅を攻め破り、臣民にしてしまった」とは刻まれていなかった。刻まれていたのは、高句麗が百済と新羅を再び支配下に置いたということだけだったという。

それでは、いったい誰が碑文を改竄したのかというと、旧日本陸軍だという。

旧日本陸軍は五世紀に倭が半島進出を果たしていたことを示そうとして改竄を行なった、と李氏は推察したのである。

この説は大きな議論を呼んだが、現在では否定されている。

2005（平成17）年、旧日本陸軍が入手した拓本より古い時期にとられた拓本が発見され、それが疑惑の拓本とほぼ同じ内容だったからだ。

改竄はなかった――。これが現在の定説といえる。

神功皇后伝説

天皇と同等にみなされていた女帝による新羅征討

●『日本書紀』に「巻」が立てられている唯一の皇后

倭（ヤマト政権）は四世紀後半頃、朝鮮半島への進出を繰り返した。その歴史的事実と密接に関係していると考えられる伝承が「記《き》・紀《き》」に記されている。神功皇后《じんぐうこうごう》による新羅遠征の物語である。

神功皇后は第十四代仲哀《ちゅうあい》天皇の皇后で、諡《いみな》を気長足姫尊《おきながたらしひめのみこと》という。『日本書紀』によると、幼い頃から聡明で叡智《えいち》に長け、容貌もひじょうに壮麗だった。そして仲哀天皇二年正月、二十四歳のときに皇后となった。

『日本書紀』は天皇ごとに巻を立てているが、なぜか神功皇后の巻がある。天皇以外で巻が立てられているのは神功皇后しかいない。また、諡に「尊」が用いられているのも天皇以外では神功皇后が唯一の事例となる。つまり、神功皇后は皇后でありながら、天皇と同等の扱いを受けていたことになるのだ。

●新羅だけでなく高句麗や百済まで平定する

その神功皇后が新羅遠征を行なったのは、夫の仲哀天皇を亡くしてからのことだった。『日本書記』によると、当時皇后は身重だったが、夫の後を継いで熊襲《くまそ》などを服属させ、西国を平定する。そして新羅遠征の成否を神に問う誓約《うけい》を二度行ない、成功を約束されると、対馬《つしま》の和珥津《わにのつ》から朝鮮半島に向かった。出発前、皇后は髪を結い上げて髻《みずら》にし、「事が成れば群臣の功績、成らねば自分の責任である」と兵士を鼓舞《こぶ》したという。

軍船は風の神が起こした風と、波の神が起こした波によってどんどん進んでいく。さら

神功皇后

神功皇后は妊娠中にもかかわらず、新羅に遠征して成功をおさめた（歌川国芳筆「賢女八景 筑紫帰帆」より）

に海中の大魚が浮かんできて軍船を担いで進めてくれたため、水夫は櫂《かい》を漕《こ》ぐ必要がなかった。そして朝鮮半島に到達すると、軍船が起こした波が津波となって新羅を襲い、国の半分を覆《おお》い尽くしたのである。

新羅王はなすすべもなく、「建国以来、海水が国土を覆ったことなど聞いたことがない。もはや天運が尽きた」と嘆き、戦わずして降伏する。新羅に続き、高句麗や百済の王も相次いで降伏し、神功皇后は労せず朝鮮半島を平定した。帰国後、皇后は筑紫《つくし》で誉田皇子《ほんだのみこ》(のちの応神《おうじん》天皇)を産んだという。

このように神功皇后の新羅遠征は大成功に終わった。しかし、この伝承は歴史的事実を踏まえたものではないと考えられている。

確かにヤマト政権は朝鮮半島に出兵したが、その戦いは部分的なものであり、神功皇后の新羅遠征物語ほど大規模なものであったはずはない。また、物語展開があまりに神がかっている上、本来あるべき戦いの場面がまったくなく、降伏に至る経緯も抽象的。こうしたことが信憑性《しんぴょうせい》を低くしてしまっているのである。

神功皇后の伝承がつくられたとされる七世紀中頃には、ヤマト政権による半島進出の記憶が薄らいでいた。そのため過剰な伝説に昇華した可能性が高い。

神功皇后の新羅遠征ルート

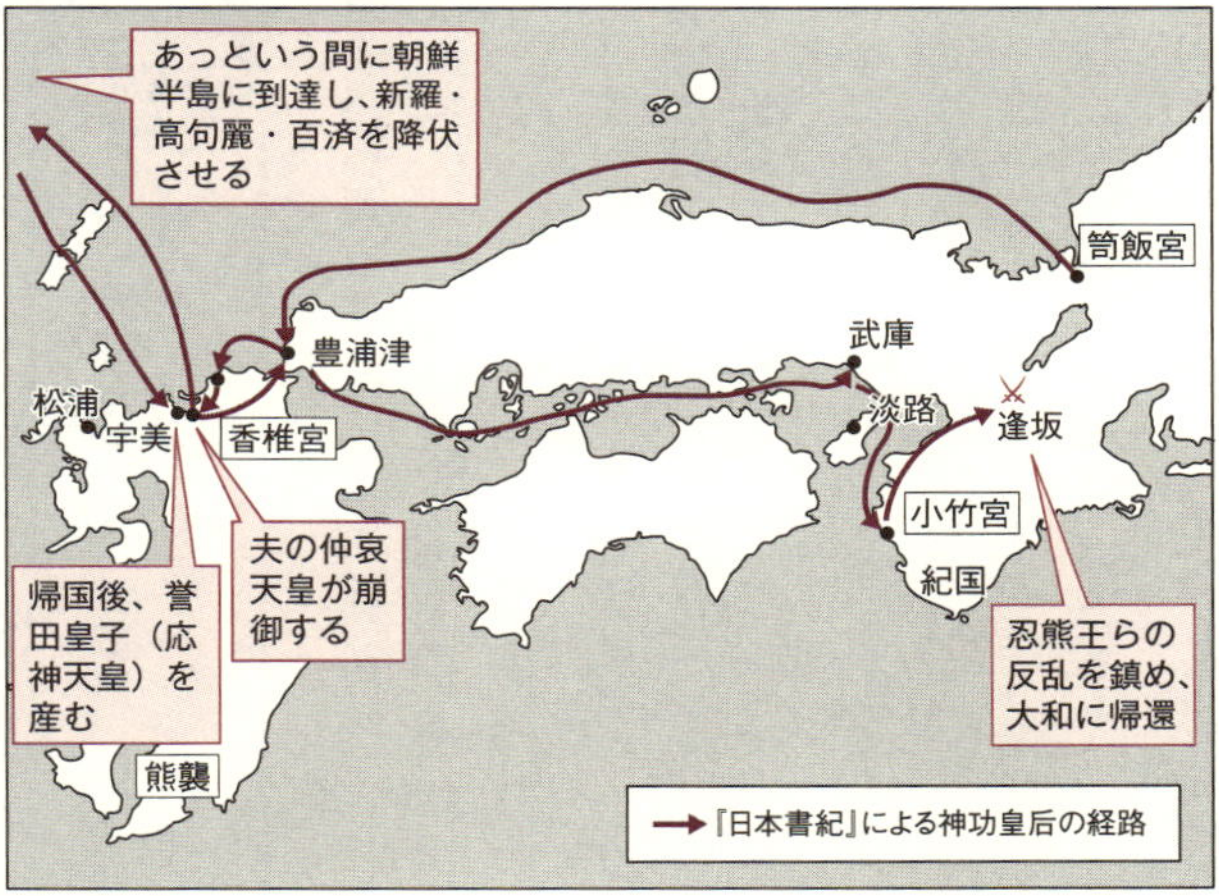

こらむ　古代史ミステリー

神功皇后と卑弥呼の同一人物説

『日本書紀』は神功皇后と邪馬台国《やまたいこく》の女王・卑弥呼《ひみこ》を同一視していた可能性がある。『日本書紀』の神功摂政《せっしょう》39年条には、『魏志《ぎし》』「倭人伝《わじんでん》」の記事が引用されている。それによると、明帝《めいてい》の景初《けいしょ》3年6月、倭の女王が朝貢してきたという。この倭の女王は卑弥呼だと考えられる。さらに神功摂政40年条や43年条にも『魏志』が引用されている。これほど『魏志』の引用回数が多いのは、『日本書紀』の編纂者が神功皇后と卑弥呼を同一人物だと考えていたからではないか――そう推測されるのである。

第三章
朝鮮半島への進出と巨大古墳

七支刀

異形の鉄剣が伝える
ヤマト政権と百済との密接な関係

●百済から贈られてきた謎の鉄剣

奈良盆地の東端に位置する石上神宮《いそのかみじんぐう》（奈良県天理市《てんり》）には、七支刀《しちしとう》という国宝の剣が所蔵されている。七支刀は全長約七五センチ、諸刃づくりの鉄剣《てっけん》。刀身の左右に互い違いに三つずつの枝刃をもち、刃先の数が合計七つになることから、「七支刀」と名づけられた。実用的な剣ではなく、祭祀用具だと考えられている。

この剣は倭（ヤマト政権）の朝鮮半島進出と大きなかかわりがある。三七二年に倭の同盟国の百済から贈られてきたものなのだ。

『日本書紀』によると、三六九年に倭と百済は同盟を締結。倭が新羅討伐軍を起こすと、百済の軍も参戦し、任那周辺や済州島《さいしゅうとう》を平定した。また『三国史記《さんごくしき》』「百済本紀《くだらほんぎ》」には、百済の肖古王《しょうこおう》が三六九年に高句麗の三万の軍勢を敗走させ、三七一年には高句麗を攻めて首都・平壌《へいじょう》に到達、高句麗の胡国原王《ここくげんおう》を戦死させたとある。倭の軍も半島南東部の各地を平定した。この戦勝の祝いとして、もしくは同盟の証《あかし》として、百済はヤマト政権に七支刀を贈ったと考えられている。

●江戸時代から続く銘文をめぐる論争

しかし、七支刀をめぐっては長年にわたる論争がある。火種は七支刀の表裏に刻まれている合計六一字の銘文《めいぶん》の解釈だ。銘文は劣化のため判読しにくい部分が多く、この剣が百済からヤマト政権に献上されたものなのか、下賜《かし》されたものなのか、それとも対等な立場として贈られたものなのか、さまざまな見解が出されており、なかなか決着をみないのである。

七支刀

刀身の両面に銘があるが、判読しにくい部分が多い（写真提供：石上神宮）

先に述べたように、『日

本書紀』や『三国史記』をみると、七支刀は献上されたのではないかと推測される。倭の軍事的支援に感謝の意を表するものと考えられるからだ。しかし一方で、献上説と七支刀の銘文は矛盾するという意見もある。

七支刀の銘文を解釈すると、表面は「東晋《とうしん》の太和《たいわ》四（三六九）年、百済王は百兵を退ける霊力のある七支刀を侯王《こうおう》に贈る」となり、裏面は「この七支刀はこれまで存在しなかったものだが、聖なる晋によって太和四年に百済王と世子《せいし》（跡継ぎ、後継者）が冊封《さくほう》されたのを記念して倭王の旨《し》のために製造したものである。後世に長く伝えてほしい」となる。

百済王とはあるものの、その名前も世子の名前も記されていない。一方、倭王の名前は「旨」と記されている上、倭王のことを「侯王」としている。「侯王」とは諸侯を意味する言葉で、王より地位が低い。つまり、百済王は倭王の「旨」を諸侯と考えていたとみられ、献上されたのではなく下賜されたと考えるのが自然だろうというのだ。

実際、七支刀が贈られた当時、百済は隆盛期を迎えていた。先に述べた三七一年の平壌での戦勝などはその勢いを物語る。そうした時期の百済がヤマト政権に宝を献上して服属を誓う必要はあったのか、という疑問符がつく。

では、なぜ『日本書紀』は献上されたと記したのか。その理由は、百済の情勢が一変し

４世紀半ばの東アジア

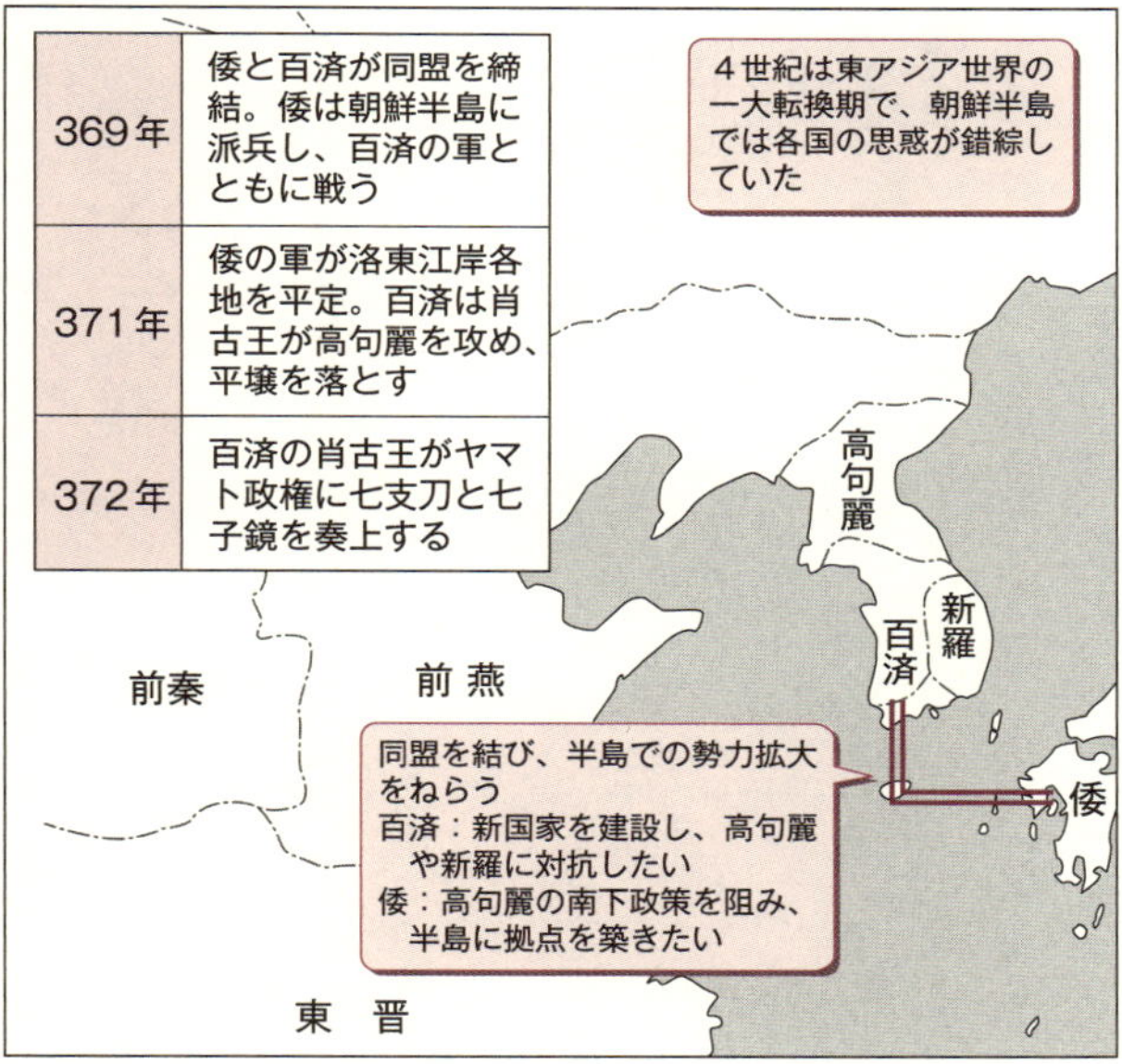
369年
倭と百済が同盟を締結。倭は朝鮮半島に派兵し、百済の軍とともに戦う
371年
倭の軍が洛東江岸各地を平定。百済は肖古王が高句麗を攻め、平壌を落とす
372年
百済の肖古王がヤマト政権に七支刀と七子鏡を奏上する
４世紀は東アジア世界の一大転換期で、朝鮮半島では各国の思惑が錯綜していた
高句麗
新羅
百済
前秦
前燕
東晋
倭
同盟を結び、半島での勢力拡大をねらう
百済：新国家を建設し、高句麗や新羅に対抗したい
倭：高句麗の南下政策を阻み、半島に拠点を築きたい

たからとされている。

　高句麗に広開土王が登場すると百済は圧倒され、倭に救援を求めた。百済の阿《あ》華《か》王《おう》は三九七年、ヤマト政権に太子を人質として送っている。高句麗の勢力が強くなったことで、百済は倭に頭を下げざるをえない状況になったのだ。

　すなわち、もともと七支刀は下賜されたものだったが、のちに百済とヤマト政権の関係性が逆転したため、七世紀後半から編纂《へんさん》が始まった『日本書紀』では献上されたものという解釈がなされた。そのように推測されるのである。

高句麗

ヤマト政権の戦い方を変えた高句麗の騎馬隊

●ヤマト政権の侵攻を阻んだ高句麗の騎馬隊

朝鮮半島に進出していった倭（ヤマト政権）の軍と戦い、繰り返し跳ねのけ続けたのが高句麗である。

高句麗はツングース系の騎馬《きば》民族である扶余《ふよ》族が紀元前後に建てた国で、新羅、百済とともに朝鮮の古代三国のひとつに数えられる。新羅、百済と抗争を続け、五世紀には現在の中国東北部から韓国の北部までを支配下におさめたが、六六八年に唐《とう》・新羅の連合軍によって滅ぼされた。

倭の軍は、高句麗の騎馬隊に苦戦したと考えられている。機動力に優れた数千、数万の騎馬隊に太刀打ちできず、連戦連敗に終わってしまった。しかしヤマト政権にとっては、朝鮮半島での敗戦がすべて無駄になったわけではない。高句麗の騎馬隊と交戦したことがきっかけとなり、軍事改革が起こったからである。

高句麗の遺構

高句麗の将軍が葬られている方形積石塚。高句麗の都が置かれていた中国吉林省集安県にあり、世界遺産にも登録されている

●朝鮮半島での交戦が戦い方を変えた

弥生時代以来、日本では歩兵による接近戦・白兵戦《はくへいせん》を戦いの基本としていた。しかし、その戦い方が高句麗の騎馬隊に歯が立たないと判明すると、基本戦術を変更した。具体的には乗馬の風習を採用するようになったのである。元来日本には乗馬の習慣がなかったが、四世紀後半に乗馬の風習がもたらされた。そして高句麗に大敗を喫して以降、騎兵が本格的に運用され始めたと考えられている。

また日本の歩兵の陣列は、側面や後方からの攻めに脆《もろ》く、機動性に優れた騎兵を相手にすると分が悪かった。そこで武器を槍《やり》から矛《ほこ》に変えたり、太鼓《たいこ》や銅鑼《どら》の合図で陣列を素早く変更できるようにしたともいわれている。

●武装も大きく変化した

武器や防具も変わった。高句麗の騎兵の影響を受け、刃の後に角柱《かくちゅう》状の軸をつけた鉄鏃《てつぞく》（鉄製のやじり）が用いられるようになる。軸の部分が伸びた長頸《ちょうけい》式鉄鏃も登場した。甲冑《かっちゅう》の進歩も見逃せない。日本では四世紀頃から鉄製の甲冑が使われていたが、五世紀に入ると、大きくふたつの種類が発達した。

最初に登場したのが短甲《たんこう》である。薄い鉄板を何枚も皮紐《かわひも》で繋げ、主に腰から胴を守る。飛来する矢に対する防御を主眼にしていたが、伸縮性が低く、軽快な動きの妨げになった。もうひとつが鱗《うろこ》状の小鉄板を皮紐で繋げた挂甲《けいこう》である。これは騎兵用の鎧で、短甲よりも伸縮性が高く、馬を操る動きにも十分に対応することができた。騎馬民族の鎧の影響がみられることから、高句麗との戦いのなかで生まれたと考えられている。さらに頭部を守る眉庇付冑《まびさしつきかぶと》や首や肩を守る頸甲《くびよろい》、肩を守る肩甲《かたよろい》などもつくられ、それらをすべて装着すると全重量は三〇キロ超になった。

この武装革新の結果、生み出された武器や防具は、中世の武士の装備とほぼ同じである。ヤマト政権は朝鮮半島で手痛い敗戦を喫したが、そのことが日本の軍事史上に残る大改革のきっかけになったのである。

戦い方の変化

弥生時代　歩兵による接近戦・白兵戦が基本スタイル

↓

高句麗の騎馬隊と戦闘を繰り広げる

↓

4世紀頃　戦い方や武装の革新が起こる

・乗馬の風習が生まれる
・鉄鏃が使われるようになる
・鉄製の甲冑が大きく進化する

5世紀頃の武器・防具

5世紀前半から中頃のものとされる鉄製の甲冑と刀。新沢千塚古墳群（奈良県橿原市）から出土した（写真提供：橿原考古学研究所附属博物館）

渡来人

最先端の技術・文化を日本へもたらした大陸由来の人々

●朝鮮半島の戦乱の影響で日本への渡来が盛んに

四世紀末から五世紀にかけて、朝鮮半島では戦乱が激化した。高句麗の広開土王が推進する南下政策に百済などが刺激されて大規模な武力衝突が頻発し、多くの血が流れることになったのだ。そうしたなか、多くの人々が戦乱から逃れて日本列島に渡ってくる。いわゆる渡来人《とらいじん》である。

渡来人の多くは鉄器や土器の製作、金工《きんこう》、紡績《ぼうせき》、馬の生産といった大陸由来の先進的な技術や文化を有しており、ヤマト政権や豪族たちはそれらを積極的に受け入れた。五世紀後半になると、ヤマト政権は渡来人を品部《しなべ》という技術者集団として編成した。その結果、倭は大きく発展することになったのである。

では、どのような人々がいつ頃日本列島にやってきて、どのようなことを伝えたのだろうか。代表的な渡来人の来歴は次のとおりである。

日本への文化・技術伝播ルート

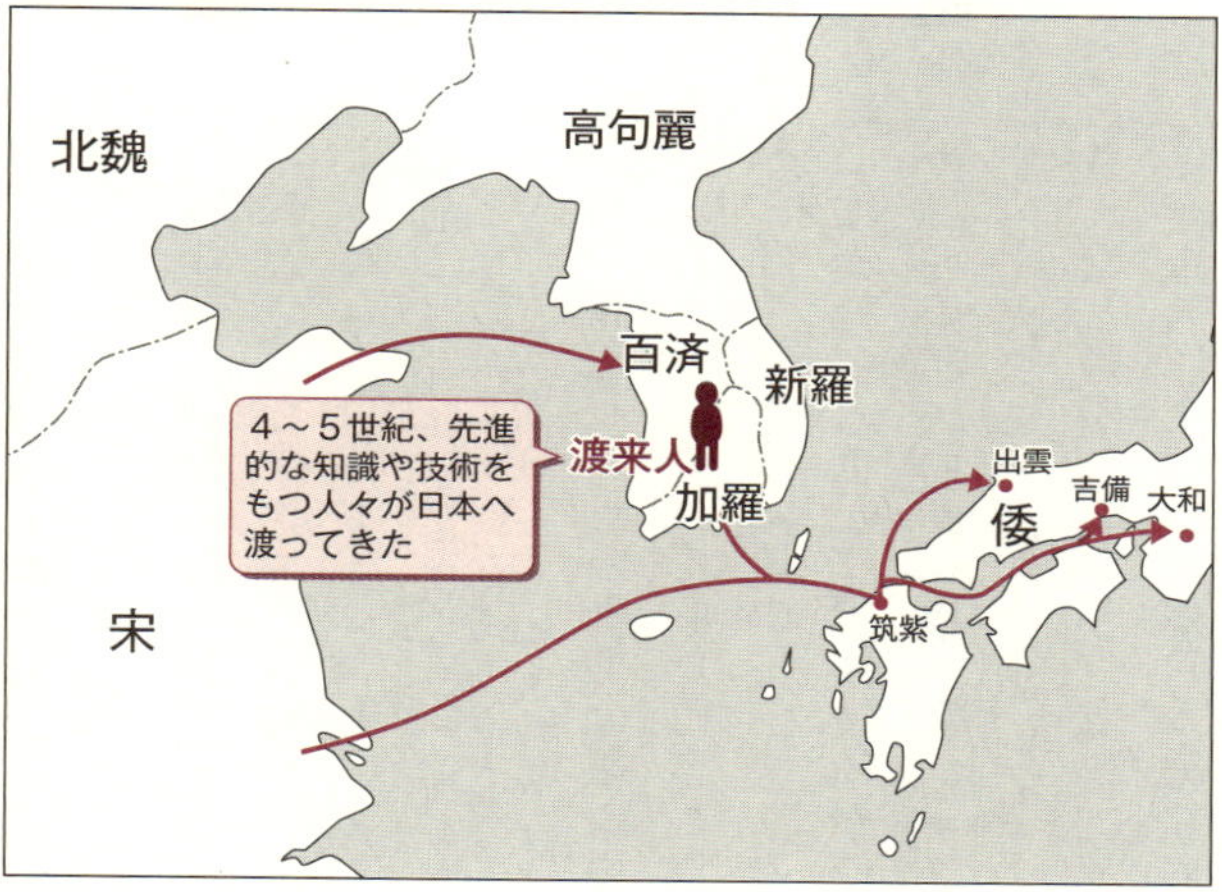

日本の発展を支えた渡来人たち

五世紀前後に来日したとされる初期の渡来人としては、弓月君《ゆづきのきみ》、阿知使主《あちのおみ》、王仁《わに》などがあげられる。

弓月君は秦《はた》氏の祖で、百済から大勢の民を率いて渡来した。この渡来については、ヤマト政権が助け舟を出したといわれている。「新羅に邪魔されて渡来できないので助けてほしい」という弓月君の声を受け、葛城《かつらぎ》氏の祖である葛城襲津彦《そつひこ》を遣わして渡来を助けたというのである。日本に定着すると養蚕《ようさん》や機織《はたおり》の技術を伝えた。さらに灌漑《かんがい》設備を築きながら、京都盆地を開いたともいわれている。

阿知使主は弓月君と同じく百済から渡来し、軍事外交で活躍したほか、手工業や武器生産に携わった。経典を読むことにも長けていたため、ヤマト政権内の文書も司《つかさど》った。この阿知使主の子孫が、のちの乙巳《いっし》の変《へん》などにかかわることになる東漢《やまとのあや》氏である。

王仁も百済出身の渡来人。阿知使主が「自分より優れた人物である」とヤマト政権に紹介し、日本に召された。ヤマト政権では文筆や計算、記録などを専業とした。また、『古《こ》事記《じき》』によると『論語《ろんご》』十巻と『千字文《せんじもん》』一巻を伝え、西文《かわちのふみ》氏の祖となった。

六〜七世紀には五経博士《ごきょうはくし》や曇徴《どんちょう》などが渡来した。五経博士の「五経」とは『易経《えききょう》』・『書経《しょきょう》』・『詩経《しきょう》』・『礼記《らいき》』・『春秋《しゅんじゅう》』の五つの儒教経典《じゅきょう》のことで、それらを百済から日本にもたらした。高句麗出身の曇徴は紙や墨、彩色などを伝えた。

このように渡来人によってもたらされた先進技術や文化は多岐にわたる。そのなかで特に注目すべきは鉄と土器関連の技術である。

五世紀に鉄素材、六世紀に製鉄技術が伝わったことにより、日本でも製鉄が行われるようになった。また古墳時代中頃からつくられ始めた須恵器《すえき》は、祝部《いわいべ》土器とも呼ばれる陶質の土器で、丈夫なことから全国に広まった。『日本書紀』には新羅出身の渡来人によってもたらされたと書かれており、実際に朝鮮半島でその祖形が発見されている。

こうした渡来人による技術が日本の発展を支えたのである。

主な渡来人

	渡来人	天皇	出身国	事　績	備　考
5世紀	弓月君	応神天皇	百済	養蚕や機織の技術を伝える	秦氏の祖となる
	阿知使主	応神天皇	百済	軍事や文筆関係の職に従事	東漢氏の祖となる
	王仁氏	応神天皇	百済	『論語』などを伝える	西文氏の祖となる
	才伎(工人)	雄略天皇	百済	——	百済から献上される形で来日
	貴信	雄略天皇	百済	——	大和に置かれる
6世紀	五経博士	継体天皇	百済	儒教の経典をもたらす	五経とは『易経』・『書経』・『詩経』・『礼記』・『春秋』の儒教の経典のこと
	司馬達等	継体天皇	梁?	仏教の興隆につとめる	仏師・鞍作止利の祖父

須恵器

吸水性が少なく硬い。朝鮮半島由来の製作技術で5世紀に誕生し、平安時代まで使用され続けた（写真提供：橿原考古学研究所附属博物館）

巨大古墳の世紀

巨大な前方後円墳が造られた本当の理由

●かつては一〇〇基以上あった日本屈指の百舌鳥古墳群

ヤマト政権が朝鮮半島に進出したり、大陸との交易を行なったり、多くの渡来人を受け入れたりしていた五世紀は、大阪（河内《かわち》）平野で古市《ふるいち》・百舌鳥《もず》の巨大古墳群が築造された時代でもある。この巨大古墳群の築造については、ヤマト政権の海外交流の視点から語ることができる。

百舌鳥古墳群（大阪府堺《さかい》市）は、二〇数基の大型前方後円墳《ぜんぽうこうえんふん》を中核に構成された古墳群で、四世紀末から六世紀初頭にかけて築造された。古地図や文献から推測すると、当時は二〇〇メートル以上の大型前方後円墳が八基、中・小規模の前方後円墳が七基、帆立貝《ほたてがい》式《しき》古墳が二八基、円墳《えんぷん》が五四基、方墳《ほうふん》が五基、さらに墳形不明墳が三基あったとされる。

そのなかで最大のものは仁徳《にんとく》天皇陵と伝わる大山《だいせん》（大仙陵《だいせんりょう》）古墳だ。全長四八六メートル、後円部の高さ三五メートル、総延長八四〇メートル（三重壕《ごう》を含む）にも及び、日

百舌鳥古墳群

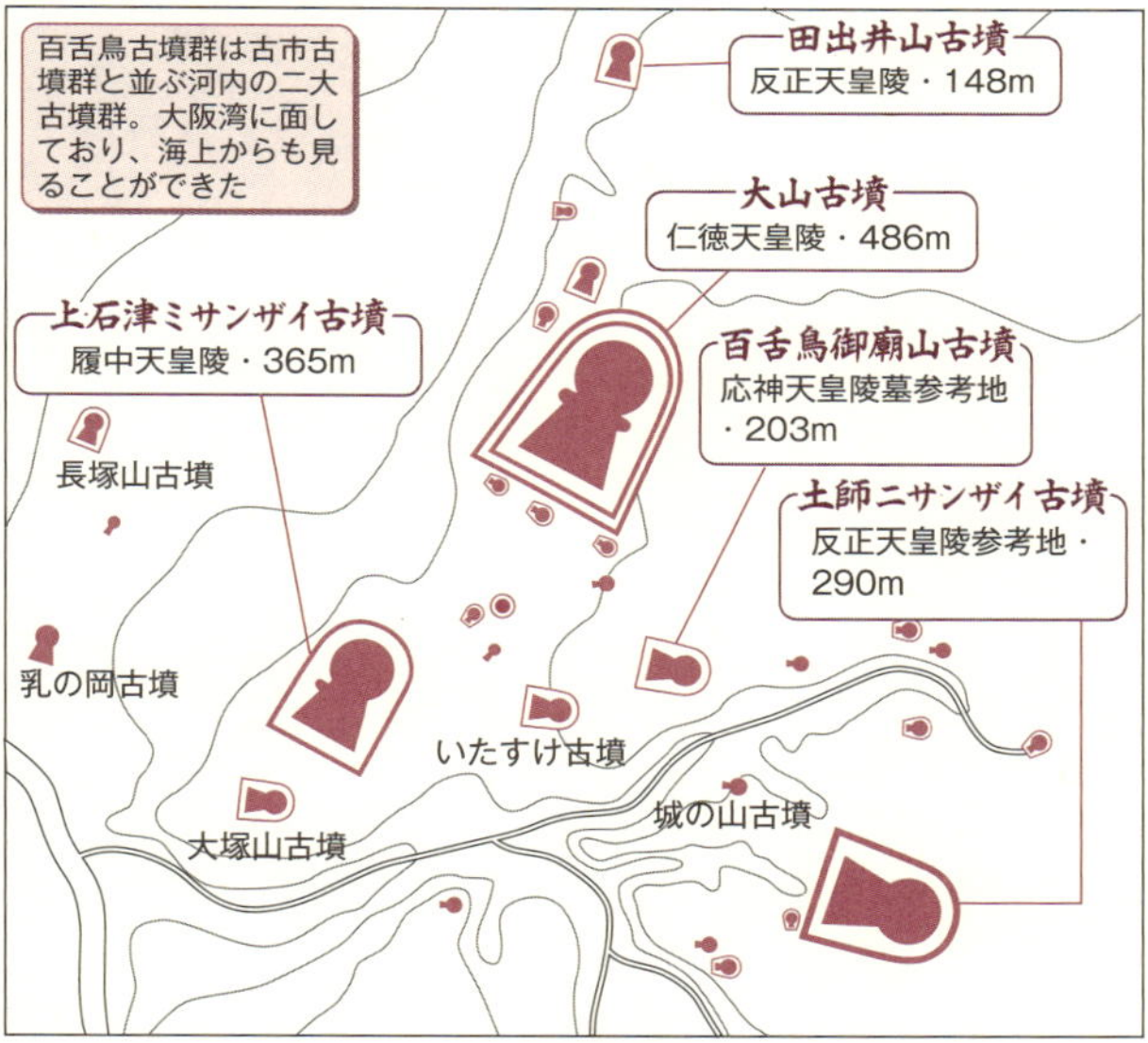

大山古墳

全長486メートルを誇り、日本の古墳のなかで最も大きい

本に二〇万基以上あるといわれる古墳のなかで最も大きい。秦《しん》の始皇帝陵《しこうていりょう》やエジプトのピラミッドを超えるといえば、そのスケールの大きさを実感できるだろう。台地上につくられているため、墳丘《ふんきゅう》上に立つと大阪湾の先まで見渡すことができるという。

一九八〇年代、大手ゼネコンの大林組が大山古墳を築造するための労働力や工期、建設費などを試算したところ、一日のピーク時に一八五〇人を動員したとして、竣工《しゅんこう》まで一五年八カ月かかり、総工費は七九六億七〇〇〇万円に達することが判明した（古代工法の場合）。強大な権力を有していた大王だからこそ、このような大事業を完遂できたのだろう。

大山古墳以外にも、履中《りちゅう》天皇陵とされる三六五メートルの上石津《かみいしづ》ミサンザイ古墳、反《はん》正《ぜい》天皇陵の参考地とされる二九〇メートルの土師《はぜ》ニサンザイ古墳が巨大な前方後円墳として知られており、大山古墳と合わせて「百舌鳥三陵」と呼ばれている。

応神《おうじん》天皇陵の参考地とされる二〇三メートルの百舌鳥《もず》御廟山《ごびょうやま》古墳や、反正天皇陵とされる一四八メートルの田出井山《たでいやま》古墳も重要な古墳と考えられている。

●七人の王が眠るとされる古市古墳群

一方、古市《ふるいち》古墳群（大阪府藤井寺《ふじいでら》市～羽曳野《はびきの》市）は、百舌鳥古墳群の西一〇キロに位置

誉田御廟山古墳

全長 425 メートル。大山古墳についで２番目に大きい

する。百舌鳥古墳群と同じく、四世紀末から六世紀初頭に築造された。前方後円墳二九基、円墳三七基、方墳五二基、墳形不明墳八基で構成されているが、最も大きな存在感を誇るのが応神天皇陵に比定されている誉田御廟山《こんだごびょうやま》古墳だ。

誉田御廟山古墳は全長四二五メートルで、全国二位。面積約一四三万四〇〇〇平方メートルは日本一になる。このほか、雄略《ゆうりゃく》天皇陵とされる島泉丸山《しまいずみまるやま》古墳、清寧《せいねい》天皇陵と伝わる白髪山《しらがやま》古墳、仁賢《にんけん》天皇陵に比定されるボケ山古墳、安閑《あんかん》天皇陵と伝わる高屋城山《たかやしろやま》古墳なども含めると、古市古墳群には七人の王が眠っていることになる。

●巨大古墳がもつ対外的な効果とは

これら日本を代表する巨大古墳群がつくられたのは、ヤマト政権がその権力を諸国の小豪族に知らしめるためだったとか、古墳の築造に参加した人々に政権の力を実感させるためだったなどといわれている。

しかし、ヤマト政権は国内だけを意識して巨大な古墳を築造したわけではなく、対外的な効果も狙っていたとの説もある。つまり、海外との交流が盛んになるなか、朝鮮半島や大陸からやってくる人々に、権力を誇示する目的で築造されたと考えられるというのだ。

当時、朝鮮半島や大陸から畿内へ至るには、瀬戸内海を東進し、淡路島《あわじしま》を挟んだ南北どちらかの海峡を通って、現在の大阪湾に存在した住吉津《すみのえのつ》に上陸していた。

そのルート上には、紀淡《きたん》海峡に面した西陵《さいりょう》古墳（大阪府泉南郡）や明石《あかし》海峡を見下ろすように位置する五色塚《ごしきづか》古墳（兵庫県神戸市）があり、海外からの来訪者は、まずこれらの古墳を目にして驚かされた。その後、河内に近づくと巨大な百舌鳥古墳群を目の当たりにして息をのみ、上陸してからも古市古墳群の威容に圧倒され、ヤマト政権の権力の大きさを実感することになった。

すなわち、古墳は政権の権力を象徴するモニュメントの役割を果たしていたのである。

巨大前方後円墳は「見せる」ためにつくられたのか

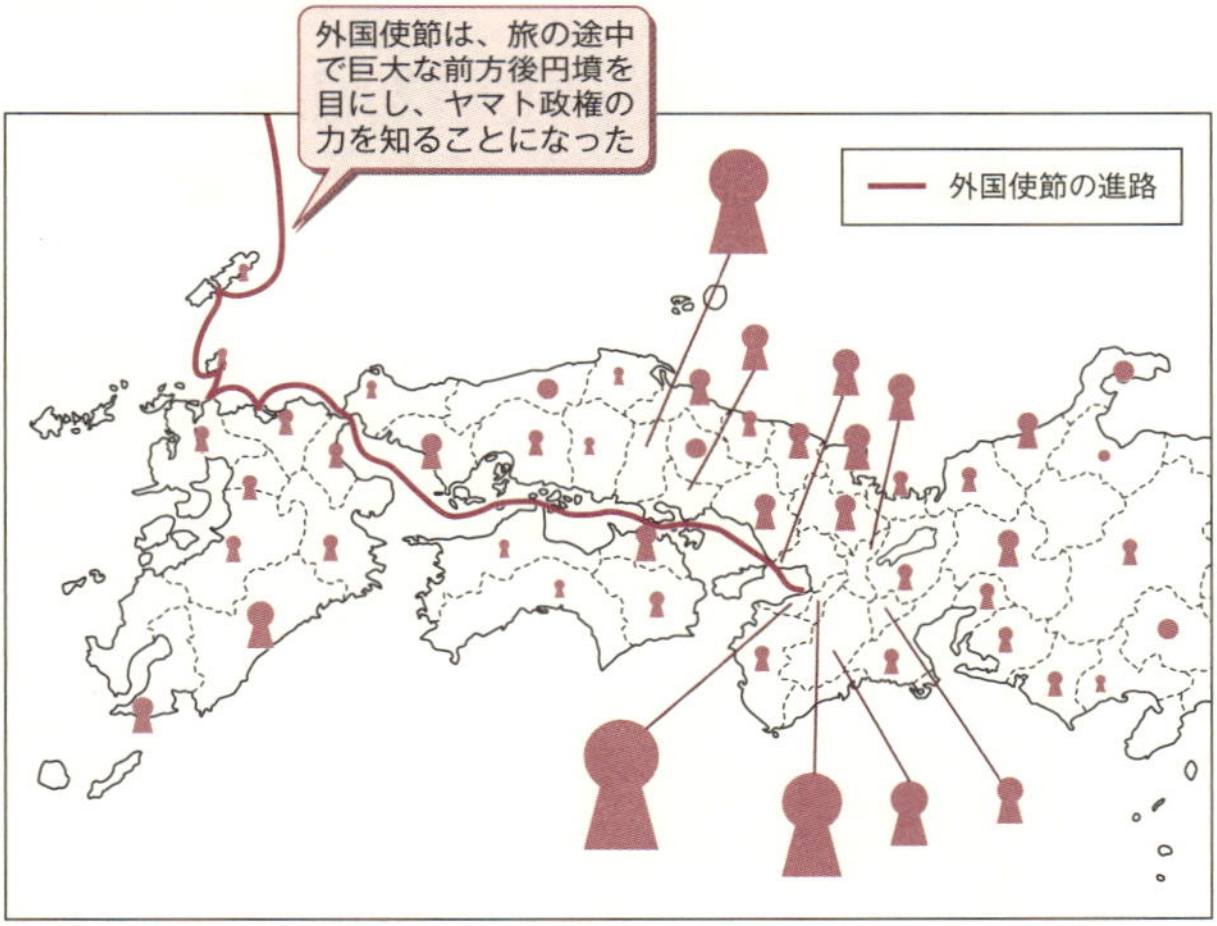
外国使節は、旅の途中で巨大な前方後円墳を目にし、ヤマト政権の力を知ることになった
外国使節の進路

五色塚古墳

明石海峡を望む高台に築造されており、海上からもその姿を確認できる。「見せる」ためにつくられたと考えられる古墳の典型例である

こらむ

日本で生まれた前方後円墳が朝鮮半島にも存在する不思議

ヤマト政権のシンボルとされる前方後円墳が、じつは朝鮮半島にも存在する。全長約51メートルの新徳《しんとく》1号墳、全長約45メートルの月桂洞《げっけいどう》1号墳など、半島南西部を中心に12基の前方後円墳が発見されているのである。

１９８０年代に発見が相次いだ際には、前方後円墳のルーツは半島にあるのでは、との意見も唱えられた。しかし築造年代を調べると、いずれも5世紀末から6世紀前半のもので、日本に出現し始めた時期（3世紀）のほうがはるかに早いことが判明。前方後円墳の半島起源説は否定されることになった。

被葬者に関しては百済に協力していた倭の将軍や、百済王権内の倭人官僚の可能性などが指摘されているが、真相は定かではない。しかし、いずれにせよ日本と深いかかわりをもつ、地域の有力者であろうことは間違いないだろうとみられている。

第四章

倭の五王と東アジア世界

第四章
倭の五王と東アジア世界

五世紀の東アジア

中国王朝の興亡、朝鮮半島の戦乱で秩序が崩壊

●東アジアの支配秩序が崩壊する

五世紀、倭《わ》のヤマト政権は中国へ使者を送り、以後、中国の王朝と頻繁に通交するようになった。邪馬台国《やまたいこく》による交信が途絶えてから、およそ一五〇年ぶりの交流である。それほど間があいたのは、当時の東アジア情勢と無縁ではない。

三世紀の中国では魏《ぎ》、呉《ご》、蜀《しょく》（漢《かん》）の三王朝が鼎立《ていりつ》していた（三国時代）。この時代、邪馬台国の女王・卑弥呼《ひみこ》が魏に遣使《けんし》し、「親魏倭王《しんぎわおう》」の称号と金印《きんいん》・紫綬《しじゅ》を授かっている。その後、晋《しん》が三王朝を統一すると、卑弥呼の後継の壱与《いよ》（台与《とよ》）が武帝《ぶてい》に使者を遣わした。だが台与が亡くなり男王の時代に入ってからは、邪馬台国と中国王朝の関係は絶たれてしまった。

三一六年、晋は匈奴《きょうど》によって滅ぼされる。晋の王族の司馬睿《しばえい》が江南《こうなん》に東晋《とうしん》を建てると、江北《こうほく》には五胡《ごこ》と呼ばれる諸部族が乱立。これにより中国は五胡十六国《ごこじゅうろっこく》時代に突入した。

中国の時代の変遷

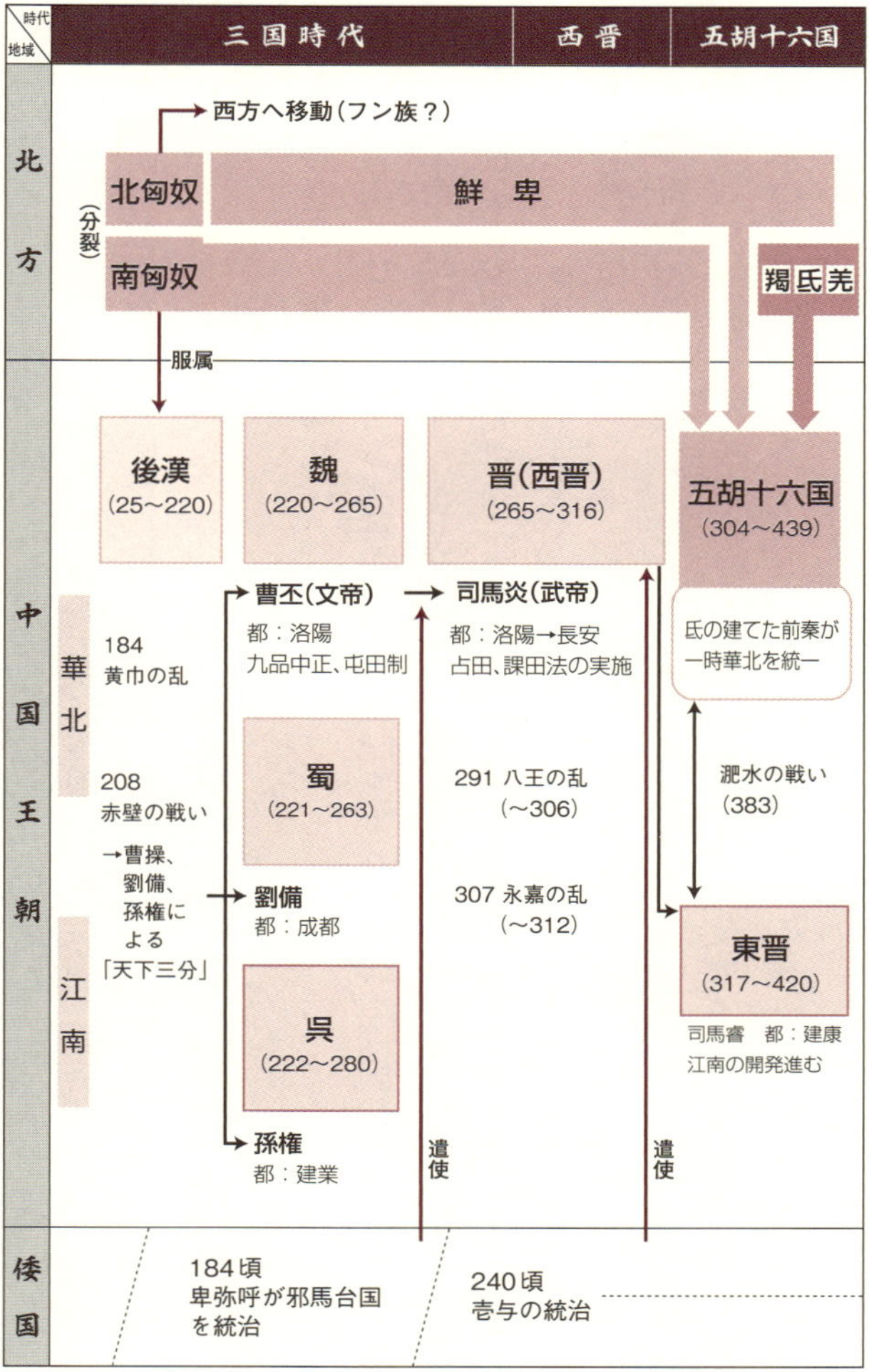
時代
地域
三国時代
西晋
五胡十六国
北方
中国王朝
倭国
西方へ移動（フン族？）
北匈奴
鮮卑
（分裂）
南匈奴
羯氐羌
服属
後漢
(25～220)
魏
(220～265)
晋（西晋）
(265～316)
五胡十六国
(304～439)
華北
江南
184
黄巾の乱
208
赤壁の戦い
→曹操、
劉備、
孫権に
よる
「天下三分」
曹丕（文帝）
都：洛陽
九品中正、屯田制
司馬炎（武帝）
都：洛陽→長安
占田、課田法の実施
氐の建てた前秦が
一時華北を統一
蜀
(221～263)
291 八王の乱
(～306)
淝水の戦い
(383)
劉備
都：成都
307 永嘉の乱
(～312)
東晋
(317～420)
司馬睿　都：建康
江南の開発進む
呉
(222～280)
孫権
都：建業
遣使
遣使
184頃
卑弥呼が邪馬台国
を統治
240頃
壱与の統治

中国だけでなく、朝鮮半島も大いに乱れた。江南にある東晋の力は半島にまで及ばず、半島北部を本拠地とする高句麗《こうくり》と、四世紀中頃に建国された新羅《しらぎ》、百済《くだら》によって三国時代が始まった。四世紀末からは、倭が半島出兵を繰り返す。

こうして東アジア世界では支配秩序が失われ、大混乱に陥っていったのである。

●北魏と宋が成立し、南北朝時代に

四三九年、五胡のひとつである北魏《ほくぎ》が華北《かほく》を統一すると、五胡十六国時代は終わりを告げた。一方、華南《かなん》では四二〇年に東晋が滅亡し、宋《そう》が建国された。その結果、北魏（北朝）と宋（南朝）による安定が保たれることになり、大陸の情勢は次第に落ち着きを取り戻していく。すると、このタイミングを見計らったかのように、高句麗が宋に朝貢《ちょうこう》を始め、百済と新羅もそれに倣《なら》った。

倭の動きはどうだったか。四二一年、宋の建国後まもなく、「倭の五王」のひとりである讃《さん》が使節を送った。高句麗の後塵《こうじん》を拝《はい》する形になったが、なかなか迅速な対応といえるだろう。これが冒頭で述べたおよそ一五〇年ぶりの遣使で、これ以降、倭と大陸との間に再び交流が生まれたのである。

5世紀の東アジア

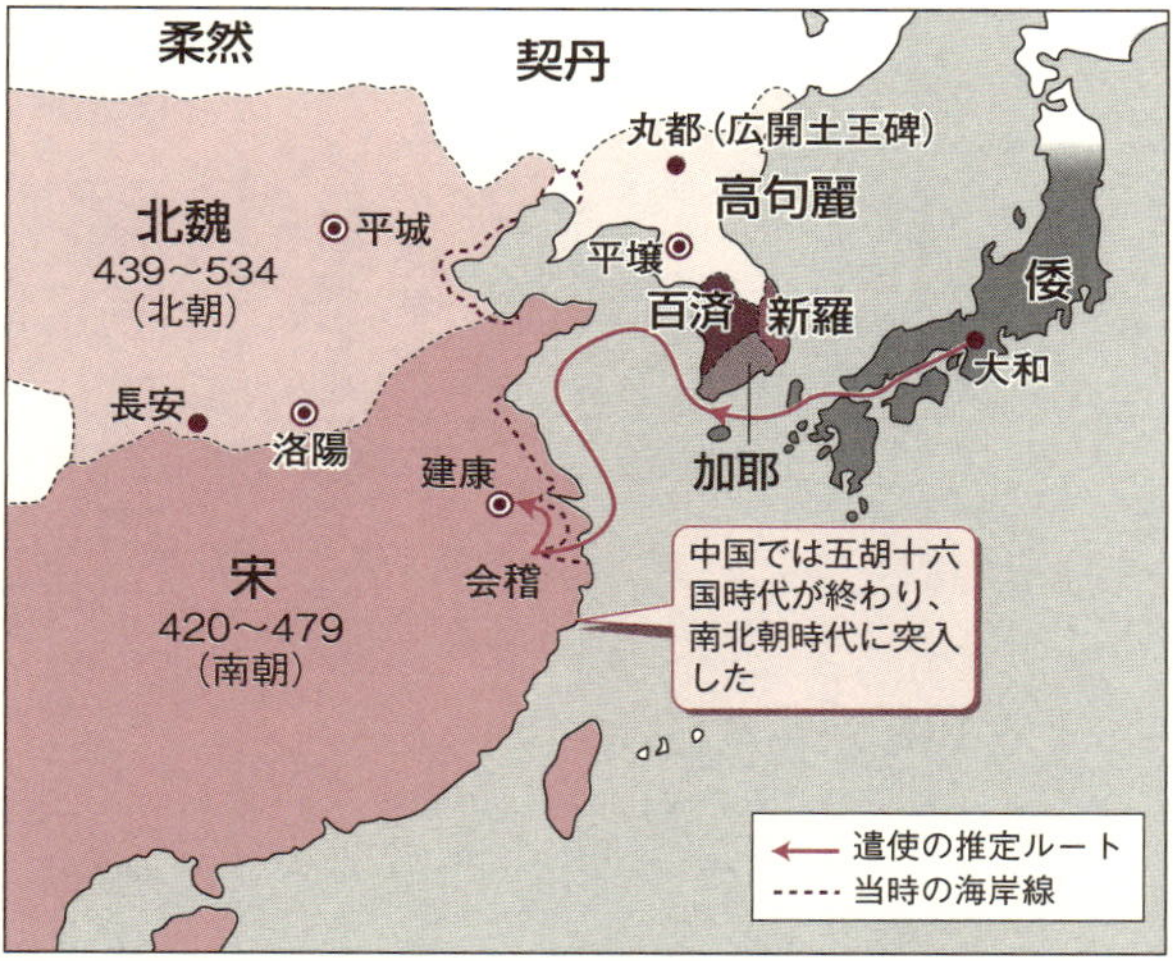

南北朝時代に行なわれた五王の遣使

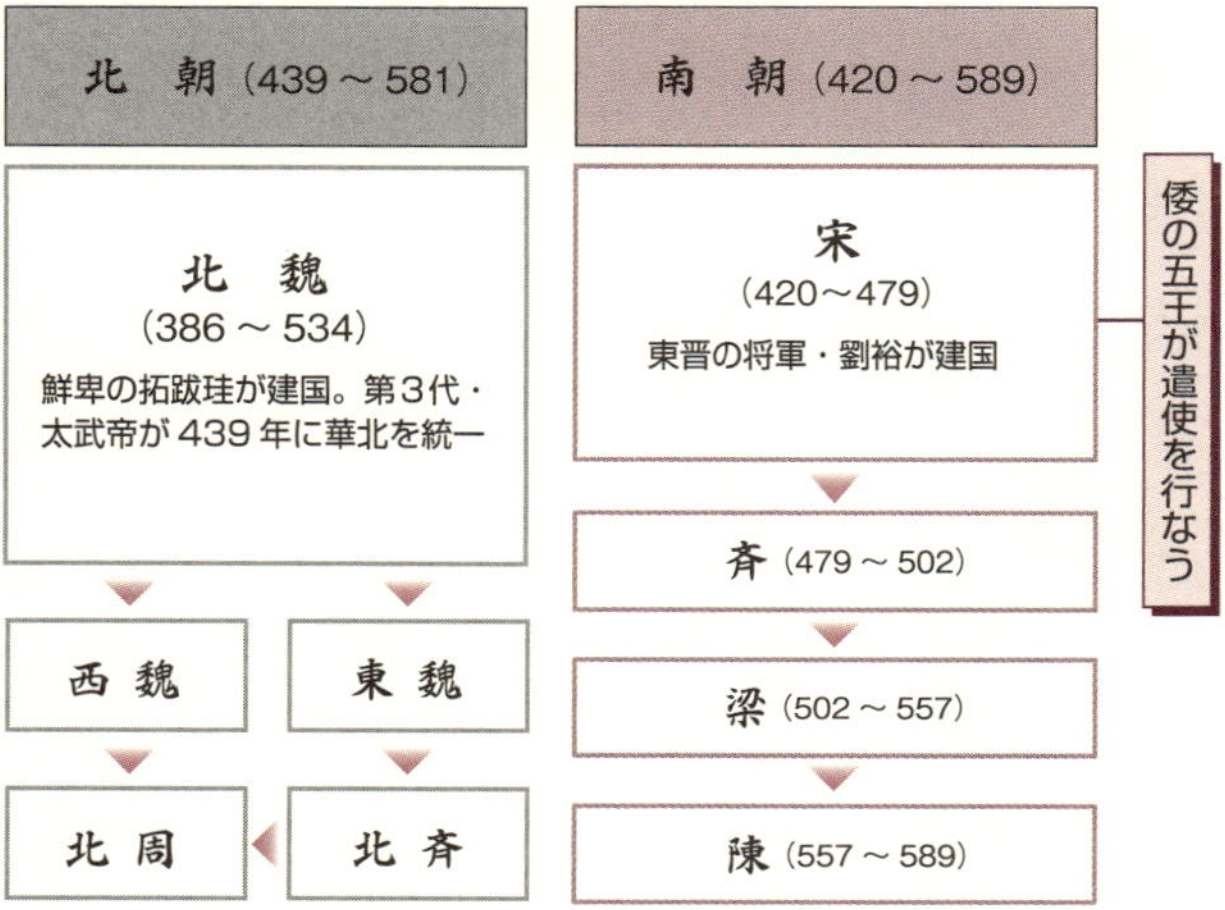

第四章 倭の五王と東アジア世界

倭の五王

『宋書』に記された五王はいったい誰か

●『宋書』に記録を残す五人の王

倭のヤマト政権は五世紀に中国へ頻繁に使者を送った。その当時の状況は、中国の史書『宋書《そうじょ》』や『梁書《りょうじょ》』などに記されている。

『宋書』によると、南朝の宋と通交した倭の王は全部で五人いた。それは「讃《さん》」「珍《ちん》」「済《せい》」「興《こう》」「武《ぶ》」で、「倭の五王」と呼ばれている。讃と珍は兄弟で、讃の没後に弟の珍が王になった。その後、済が王になり、済の没後に世子《せいし》（跡継ぎ、後継者）の興が、興の没後に興の弟の武が王になったという。

ここまでを整理すると、讃と珍は兄弟、興と武は済の息子で兄弟ということがわかる。しかし、珍と済の関係は明らかにされていない。

『宋書』より後の時代につくられた『梁書』にも倭の五王についての記述があるが、その内容は『宋書』とは少し違う。『梁書』では倭の五王を「賛《さん》」「彌《ちん》」「済」「興」「武」とし

倭の五王と天皇の比定

『宋書』『梁書』に記された倭王の系譜

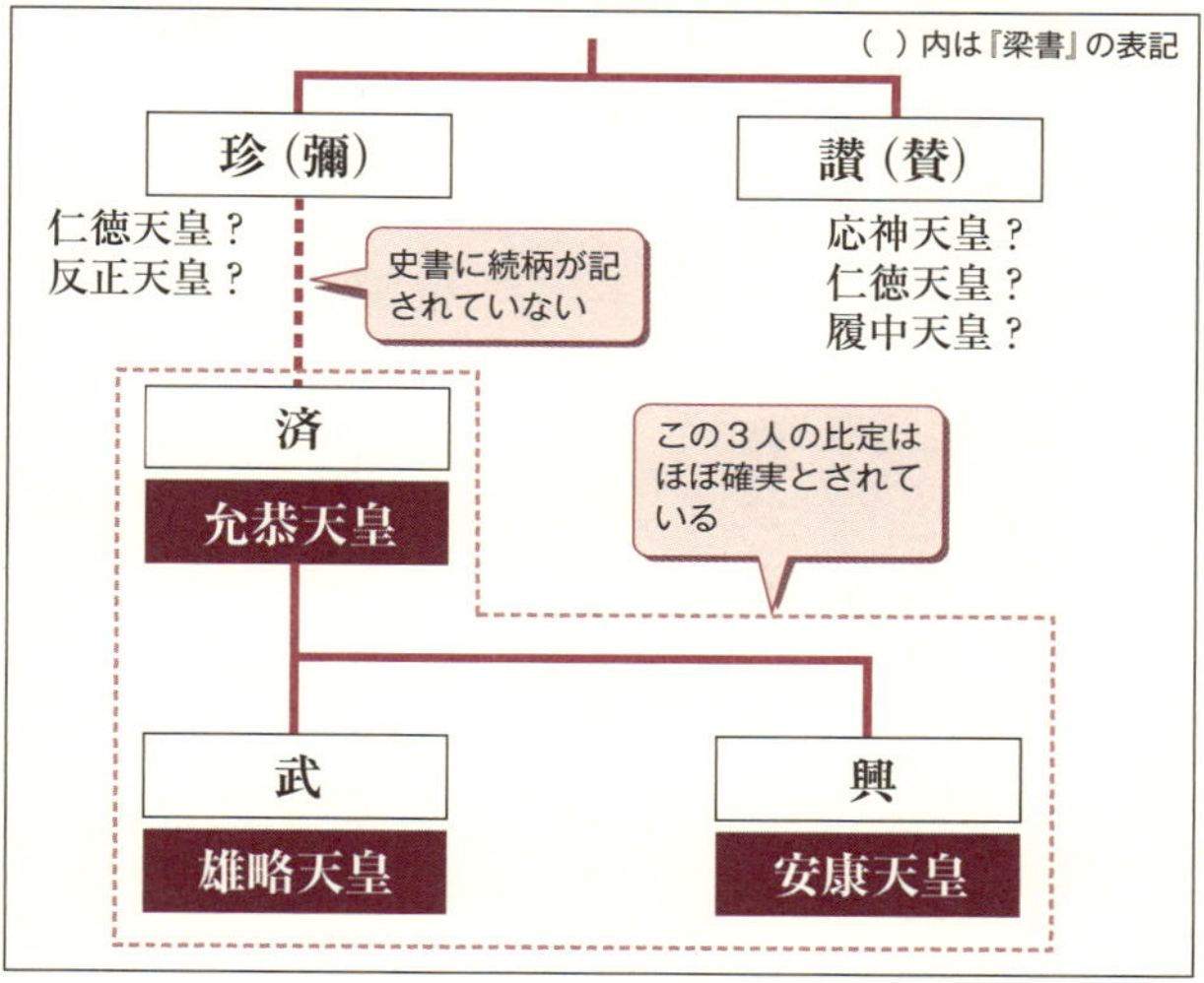

『日本書紀』に記された歴代天皇の系譜

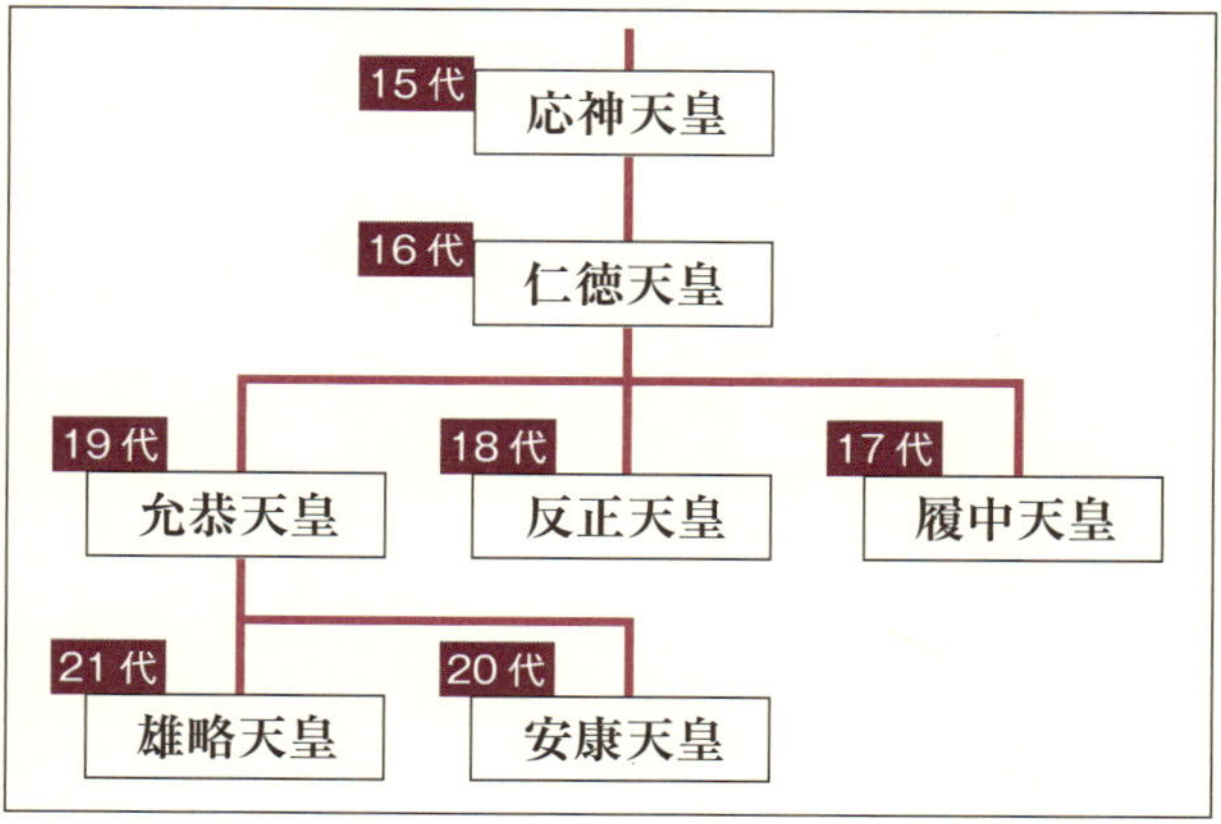

ているのである。賛は『宋書』の讃、彌は珍のことと考えられ、「彌死して、子、済立つ」とあるため、『宋書』に明記されていなかった珍と済の関係は親子らしいとわかる。

ここで浮上するのが倭の五王とはいったい誰か、歴代天皇のうち誰が五王に当たるのか、という問題だ。

日本の正史である『日本書紀《にほんしょき》』に記された天皇の系図に五王を当てはめようとしても、ぴったりとはまらない。日本側に当時の遣使の記録があれば照らし合わせやすいのだが、まったく見当たらない。じつは、この問題については元禄《げんろく》時代から三〇〇年以上も議論が続けられている。にもかかわらず、いまだに結論がでていないのである。

●確定されている王と未確定の王

それでも、五人の王のうち三人についてはほぼ確定されている。

最も蓋然性《がいぜんせい》が高いのが「武＝雄略《ゆうりゃく》天皇」という解釈だ。武の治世と『日本書紀』に記された第二十一代雄略天皇の年代はほぼ一致する。また、雄略天皇の諱《いみな》は「大泊瀬幼武《おおはつせわかたけ》」といい、「武」の字が含まれていることからも、武を雄略天皇とする説が主流となっている。

この「武＝雄略天皇」説をもとに他の王と歴代天皇の比定《ひてい》を行なうと、武の兄の興は第

命名法からの比定

・ワカタケル：武《タケル》＝雄略天皇

狩りをする雄略天皇

・ホムタワケ：讃《ホム》＝応神天皇

・ミズハワケ：珍《ミズ》＝反正天皇

二十代安康《あんこう》天皇、雄略天皇と安康天皇の父親にあたる済は第十九代允恭《いんぎょう》天皇と推測される。ここまでは多くの学者が支持しており、定説化されている。しかし、この先の比定がうまく進まない。

　たとえば『宋書』が兄弟とする讃と珍は、天皇の系図では履中《りちゅう》天皇と反正《はんぜい》天皇の兄弟にしか当てはまらない。しかし、『梁書』では珍と済を親子としており、辻褄《つじつま》が合わなくなってしまうといった具合である。

　近年は雄略天皇と同様に諱を用いた命名法による考察や、巨大古墳の被葬者たちを五王とみなす考察なども行なわれている。しかし、どれも確実とはいえず、五王の正体はいまも結論をみないでいる。

遣使の目的

中国王朝の冊封下に入ることで得られることとは

●中国の冊封体制下に入ることを望んだ五王

倭の五王は半世紀以上にわたり中国への遣使を行なったが、倭と中国王朝の関係は決して対等なものではなかった。

紀元前二世紀末頃、中国の領域がほぼ確定すると、それ以降の歴代王朝は周辺の国々を属国として扱うようになり、朝貢してくる周辺国の首長《しゅちょう》に対して、中国の皇帝より格下の王号を与えていた。朝貢とは周辺国の使者が中国の皇帝に朝見《ちょうけん》して土産の産物を献上することを意味し、皇帝はその使者に対して貢物以上の返礼物を与え威徳《いとく》を示した。邪馬台国の女王・卑弥呼が魏から与えられた「親魏倭王」についても、朝貢したことに対する返礼物だったと考えられる。

このように中国の皇帝が、周囲の国々に王号などの官爵《かんしゃく》を与えて君臣関係を結び、その統治を認めることを冊封《さくほう》という。つまり、倭の五王が中国王朝に使者を送ったというこ

冊封体制とは

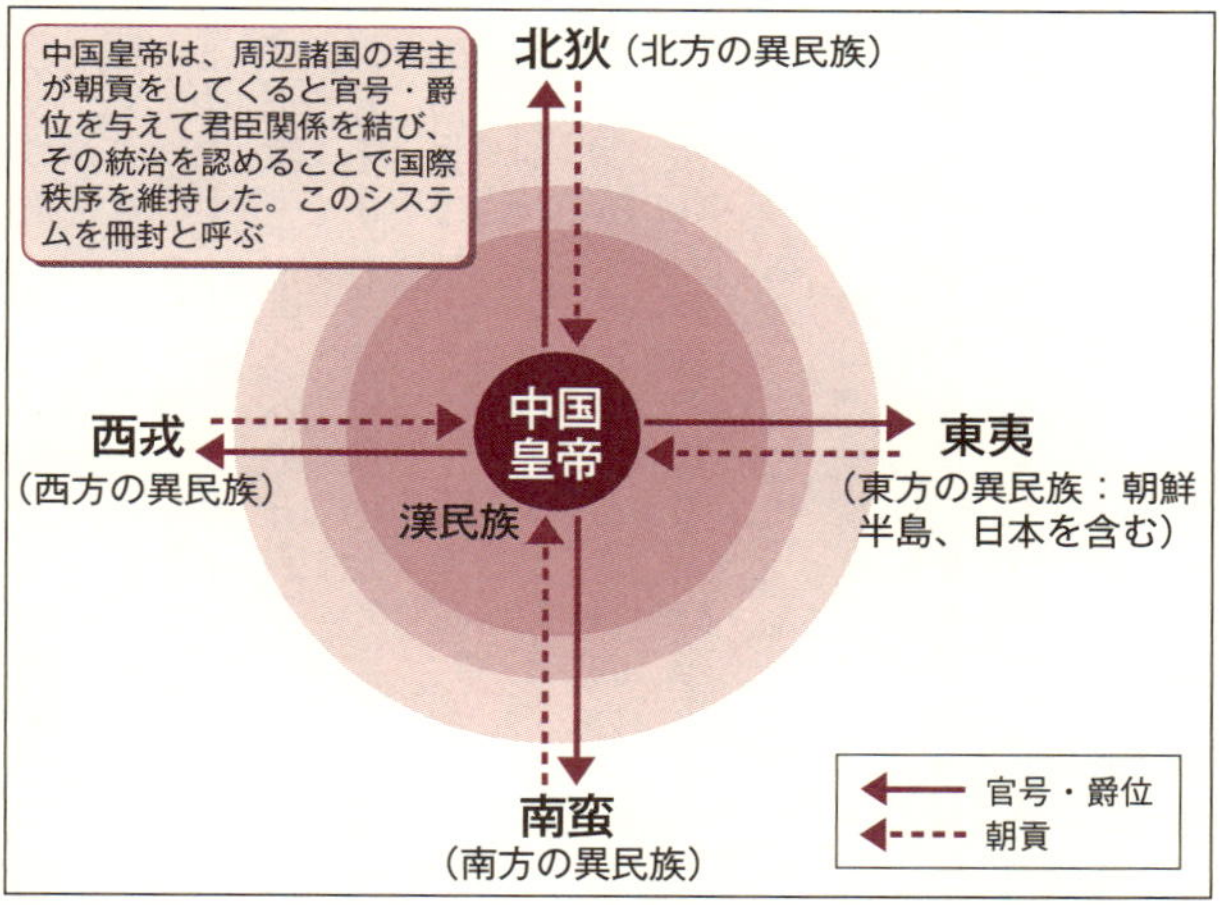

とは、倭が中国王朝の冊封下に入ることを望んだということになるのである。

冊封されるメリットとは

倭の五王がこうした外交を行なった理由は、ライバル関係にあった高句麗に対抗するためだったと考えられている。

ヤマト政権は四世紀頃から朝鮮半島に影響力をもつようになり、半島南部で交易などの権益を得ていた。交易の中心は鉄資源だったとされる。しかし、四世紀後半になると高句麗が南進政策を積極的に推し進め、半島南部を圧迫し始める。

ヤマト政権は権益を守るために派兵したが、高句麗軍は強く、その圧力をなかなか払拭《ふっしょく》できなかった。そして長年にわたる断続的な戦いの結果、自力だけで高句麗に対抗することの難しさを思い知らされた。

倭としては高句麗より優位に立つため、百済や新羅を臣従状態にしておきたい。そこで倭の五王は、中国王朝の冊封下に入ることによって後ろ盾を得ようとしたというのである。

倭の五王が具体的に求めたのは王号だった。倭よりも先に高句麗が朝貢を行ない、中国王朝の冊封下に入って王号を授けられていたため、それと同等の王号をもっていなければ、高句麗に対抗できないと考えたと推測される。

また、朝鮮半島における軍事力行使の公認も求め、実際に半島での軍事指揮権をもつ官爵を与えられている。軍事指揮権をもつということは、すなわち、争乱が起こった際にその地を軍事支配できることを意味した。

●中国からの官位は国内での権力誇示にも役立った

倭の五王が中国に遣使したのは、国内で権力を誇示するためでもあったといわれる。

倭の五王は中国皇帝からみずからが官爵を得るだけでなく、自分の臣下にも官爵を与えてくれるよう求め、実際にその要求を受け入れられていた。たとえば、珍は宋の皇帝に対

5世紀前半の東アジア情勢

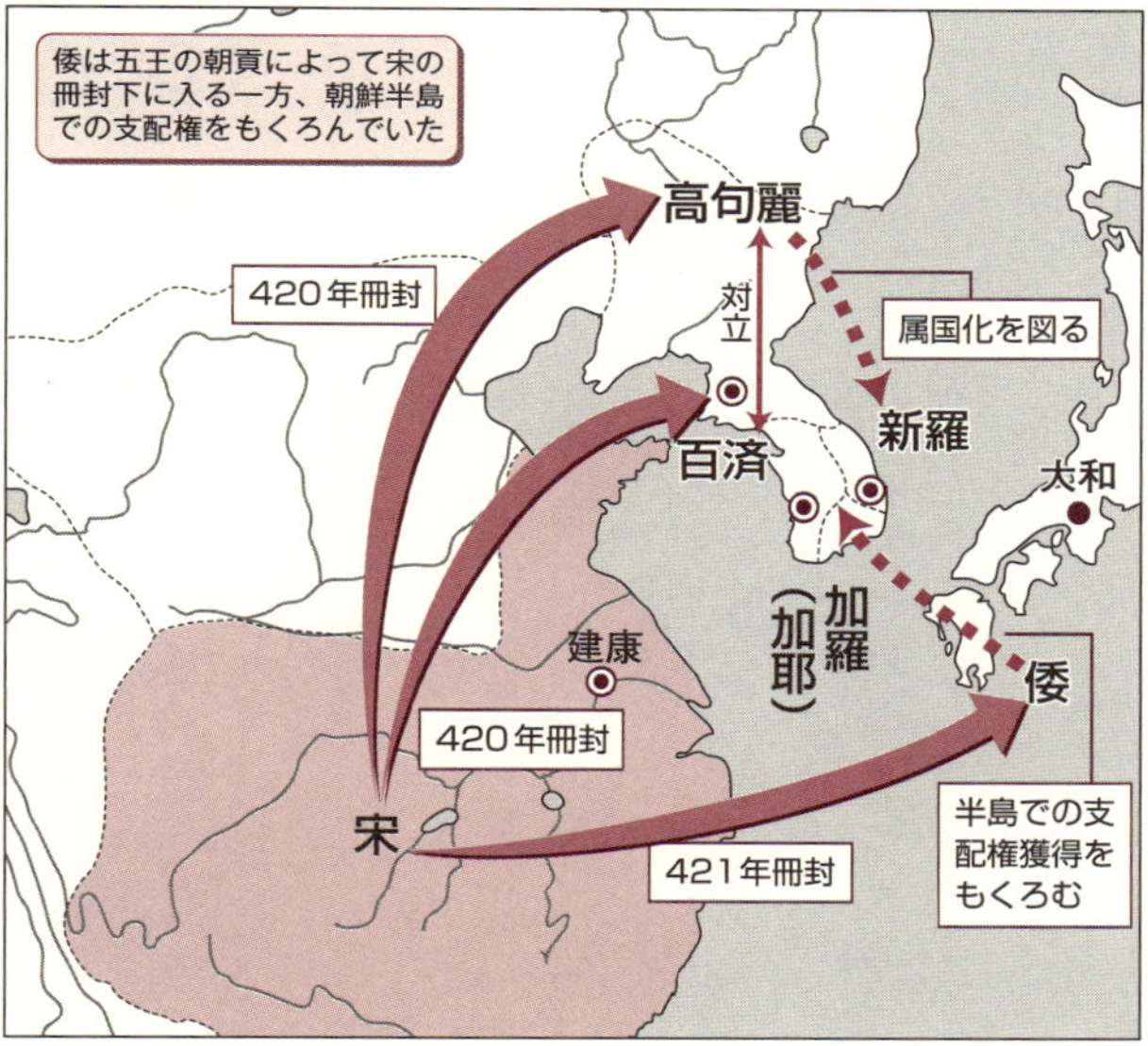

して、倭隋《わずい》という臣下らに「平西《へいせい》将軍」の号を与えるよう求め、それを認められている。倭の五王はこのようにして臣下に力を見せつけるとともに、有力な豪族が勝手に中国王朝と接触しないようにしていたのだ。

ただし、わざわざ臣下にまで官位を与えてもらうように頼まなければならなかったということは、倭国内におけるヤマト政権の支配力が万全ではなく、まだ脆弱《ぜいじゃく》だったことの証左とも考えられる。少なくとも、王一人が官爵を得ただけでは、ヤマト政権を安定させるだけの状況にはならなかったようだ。

讃——倭の五王①

初めて宋に遣使・朝貢し冊封を受ける

●百済の勧めで宋への遣使を開始する

中国の史書『宋書』や『梁書』などで、「倭の五王」と称された五人の王。そのひとり目が讃《さん》である。讃は倭王として初めて中国南朝の宋へ朝貢した。

五世紀における倭から中国王朝への遣使は、四一三年に「倭王」による東晋への遣使が最初という見方もあるが、これは倭のヤマト政権が正式に遣わした使節ではなく、高句麗が捕虜の倭人《わじん》に土産の産物をもたせてヤマト政権とともに行なった政略的なものと考えられている。実際、このときに倭王が宋から官爵を授かった形跡はない。

したがって、倭王による五世紀初の遣使は、四二一年に讃が送ったものとなる。その四年後の四二五年にも讃は遣使を行なっている。

では、讃がこのタイミングで宋に入朝したのはなぜか。その動機について、歴史学者・鈴木靖民氏編の『倭国史の展開と東アジア』（岩波書店）では、百済の誘いによるもので

倭の五王の遣使年表

年	出来事
421	讃が宋に遣使し、「安東将軍・倭国王」に任ぜられる
425	讃が宋に朝貢する
438	珍が宋に遣使し、「安東将軍・倭国王」に任ぜられる
443	済が宋に遣使し、「安東将軍・倭国王」に任ぜられる
451	済が宋に遣使し、「使持節・都督倭新羅任那加羅秦韓慕韓六国諸軍事・安東大将軍・倭国王」に任ぜられる
462	興が宋に遣使し、「安東将軍・倭国王」に任ぜられる
478	武が宋に遣使し、上表文を提出。「使持節・都督倭新羅任那加羅秦韓慕韓六国諸軍事・安東将軍・倭国王」に任ぜられる
479	武が斉より「鎮東大将軍」に進号される
479	武が梁より「征東将軍」に進号される

はないかと推測している。

歓迎された讃の遣使

倭と連携する百済は高句麗と対立していた。高句麗は新羅を従属させており、四一〇年代に入ると新羅国内における軍事支配を強めるなどして、百済に対する圧力を高めていく。そこで百済は、倭と宋を繋げ、百済―宋―倭の国際連環をつくり、高句麗―新羅に対抗しようとしたというのだ。

ヤマト政権としても、宋建国後の新国際秩序に乗り遅れたくなかっただろうから、百済の誘いはいいきっかけだったかもしれない。

宋は、建国後まもなくやってきた讃の使節を大いに歓迎した。当時の皇帝であった武帝《ぶてい》

舟形埴輪

寺口和田１号墳からの出土品。こうした舟で倭の五王の使節は海を渡っていたのだろうか（写真提供：橿原考古学研究所附属博物館）

にとって、外国からの新たな使節は宋王朝の正当性を強化することになるからだ。

じつは武帝はみずからの出自を憂慮《ゆうりょ》していた。武帝の父親は下級役人。当時の中国社会では貴族の力が強かったため、下級役人の子ということで貴族たちから侮られることがあった。

そうした状況だから、皇帝としての立場を強化してくれる外国の朝貢使節はひじょうにありがたかったのである。

ただし宋に歓迎はされたものの、讃にしてみればいささか期待外れだった。このとき讃が授かった王号は「安東将軍《あんとうしょうぐん》・倭国王《わこくおう》」。高句麗や百済の王号に比べると、かなりの格差があったからである。

第四章
倭の五王と
東アジア
世界

珍――倭の五王②

対宋外交の出遅れ挽回を狙い、高位の官爵を求める

●讃亡き後すぐに遣使した珍の思惑

倭の五王の二人目は、『宋書』に讃の弟と記されている珍《ちん》。『日本書紀』に伝わる天皇の系図に当てはめると、第十六代仁徳天皇あるいは第十八代反正天皇に該当すると考えられる人物だ。『宋書』によると、珍はなかなかしたたかに宋との外交を推し進めようとしていたことがわかる。

珍が宋に遣使したのは四三八年のことだった。珍の使者は、讃が死んだことを告げた。珍は即位後すぐに宋に出向いて冊封されることにより、まだ不安定なみずからの立場を安定させようとしたと考えられている。

このとき珍は、「使持節《しじせつ》・都督《ととく》倭《わ》百済《くだら》新羅《しらぎ》任那《みまな》秦韓《しんかん》慕韓《ぼかん》六国諸軍事《ろっこくしょぐんじ》・安東大将軍《あんとうだいしょうぐん》・倭国《わこく》王《おう》」と名乗ったと『宋書』にある。あくまで自称であり、宋からその官爵を授かっていたわけではない。珍は、自称した官爵を自分に与えてほしいと要求したのである。

これに対し、宋は珍の要求を拒否して「安東将軍・倭国王」とした。讃に与えられた官爵と同じである。宋では諸国王の官爵は、前王が除正《じょせい》された最後の官爵を後継者に授与するのが原則とされており、その原則にしたがっただけだった。

従来の原則をふまえない珍の要求は一見、無謀で礼節に欠けるようにも思える。なぜ、珍はそのような要求をしたのだろうか。その理由は、高句麗や百済との格差を縮めるためだったとみられている。

●倭と高句麗、百済の官爵の格差

倭と高句麗、百済の官爵を比べると、その格差が明らかになる。高句麗は「征東《せいとう》大将軍」、百済は「鎮東《ちんとう》大将軍」で、どちらも「大」の字がついているが、倭は「安東将軍」で「大」の字がついていない。そこで珍は「安東大将軍」にしてくれと要求したのである。

珍の要求はそれだけにとどまらない。高句麗は「使持節・都督営平《えいへい》二州《にしゅう》諸軍事」、百済は「使持節・都督百済諸軍事」の官爵を与えられていたため、珍は二国の官爵よりさらに広い「六国諸軍事」の官爵を要求した。倭、百済、新羅、任那、秦韓、慕韓の六国のうち新羅や秦韓は、実質的に高句麗の隷属下に置かれていた国。こうした国々を含む六国の軍事指揮権を、宋に認めさせようとした点に大きな意味を見出すことができる。

●高句麗と対等の関係になるために

倭は対宋外交において、諸外国の後塵を拝していた。特にライバル関係にある高句麗は、倭よりも深く宋と結びついていた。その差を少しでも埋めるため、珍は無謀とも思える要求をしたと推測されている。

結局、珍の要求は却下されてしまった。しかし、臣下に対する官爵、すなわち倭隋以下十三人に平西・征虜《せいりょ》・冠軍《かんぐん》・輔《ほ》国将軍《こくしょうぐん》の官爵を与えてほしいという要求は認められ、そのことが珍の王権強化につながったのである。

●珍が軍事指揮権を求めた六国

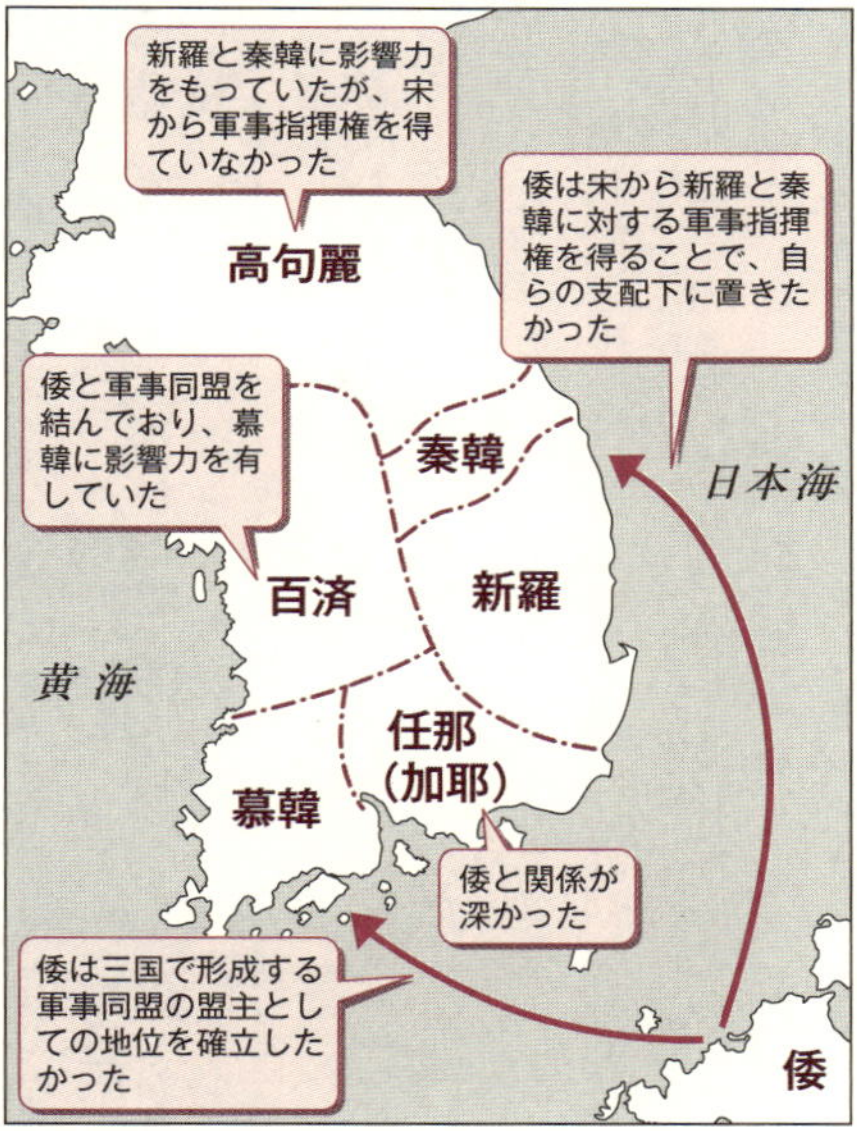
新羅と秦韓に影響力をもっていたが、宋から軍事指揮権を得ていなかった
倭は宋から新羅と秦韓に対する軍事指揮権を得ることで、自らの支配下に置きたかった
高句麗
倭と軍事同盟を結んでおり、慕韓に影響力を有していた
秦韓
日本海
百済
新羅
黄海
任那
（加耶）
慕韓
倭と関係が深かった
倭は三国で形成する軍事同盟の盟主としての地位を確立したかった
倭

済――倭の五王③

「安東大将軍」の号に加え、半島六カ国の軍事権を獲得

●珍に続く済による遣使

珍の時代、朝鮮半島で大きな動きがあった。四三三年、百済が新羅に使節を送り、対立関係にあった両国がおよそ六十年ぶりに歩み寄ったのだ。当時、新羅は高句麗に従属していたが、高句麗の圧力に反発して百済に近づいたとみられている。

これを受け、倭は四四〇年と四四四年に新羅に攻め入った。珍は四三八年に即位したばかりだったが、百済と新羅が結託《けったく》することで、朝鮮半島における自国の権益《けんえき》にマイナスの影響が出ることを懸念《けねん》したと考えられている。

そうしたなか、倭の五王の三人目、済《せい》が四四三年に宋へ遣使する。

『宋書』には珍と済の続柄が記されていないが、「済＝允恭天皇」ということがほぼ定説化している。允恭天皇は病弱だったため即位を拒んでいたが、家臣に説得されて即位した。

即位後は氏姓の混乱を正すため、奈良の飛鳥《あすか》地方に位置する味橿丘《あまかしのおか》で盟神探湯《くかたち》と呼ばれ

市ノ山（市野山）古墳

古市古墳群に属する前方後円墳。恵我長野北陵という名称で允恭天皇陵に定められている。

る呪術的裁判を行なったと伝わる。

●悲願の「大将軍」の官爵を獲得

四四三年に行なわれた済の最初の遣使は、珍が亡くなり自分が新たな王になったことを伝えるとともに、宋から冊封されることが目的だった。このとき済は、珍が望んだのと同じ官爵を要求したが、珍と同様に却下され、「安東将軍・倭国王」の王号を授与された。

しかし、済はこの決定が不服だったようで、四五一年に再び宋に遣使した。すると今度は、「使持節・都督倭新羅任那加羅秦韓慕韓六国諸軍事・安東大将軍・倭国王」に任命されたのである。

いったいなぜ、このときはすんなりと要求が通ったのだろうか。

済の二度目の遣使は絶妙なタイミングだった。四五〇年、宋は南下してきた北魏に大敗していた。その後、北魏が引き上げたため宋は大きな痛手をこうむらずにすんだが、これ以後、宋は少しずつ国力を失っていく。

北魏に敗れた宋は、反撃の機会に備えて国際連環の強化をはかろうとしていた。そのタイミングで済による二度目の遣使が行なわれたのである。宋がこれをはねつける理由はなく、むしろ大いに歓迎され、望みどおりの官爵が授けられた。結果的に、済の外交戦略の勝利といえるだろう。

●新羅侵攻の論功行賞のために官爵を求める

讃・珍と二代続いての悲願だった官爵を手に入れた済は、さらに二三人の臣下に対する「将軍《しょうぐん》・郡太守《ぐんたいしゅ》」の号を要求し、これも認められた。珍のとき除正された臣下の数は一三人だから、一〇人も増えたわけである。

なぜ、済はそれほど多くの臣下に官位を授けるように求めたのか。その理由は、四四四年に倭が新羅に侵攻した際、功績があった王族や豪族、府官などに、論功行賞《ろんこうこうしょう》を実施しなければならなかったからではないかと推測されている。

第四章
倭の五王と東アジア世界

興――倭の五王④

「王」と名乗らず「世子」として遣使した理由

●王ではなく跡継ぎという立場のまま遣使した興

倭の五王の四人目は興《こう》である。『日本書紀』の天皇の系図に当てはめると、「興＝安康天皇」ということがほぼ定説化している。

『日本書紀』によると、安康天皇は攻め殺した大草香皇子《おおくさかのみこ》の妻を皇后としたものの、その遺児に殺されてしまったという。一方、『宋書』や『梁書』などには興に関する記述がひじょうに少なく、人物像がはっきりとみえてこない。興の次に即位した武があまりに有名なこともあり、存在感が薄れてしまっているという面もあるだろう。

そんな興は四六二年に宋へ遣使した。遣使の目的は珍や済と同じく、済の死去と興の即位を知らせるとともに、宋から冊封されることにあった。

ただし、この遣使には不可解な点がある。

『宋書』には、「倭王の済が死んだ後、その跡継ぎの興が使節を宋に派遣してきた」と記されている。これは、これまでのケースと明らかに違う。

珍のときは「讃が死に、弟の珍が即位して遣使してきた」と書かれており、済のときは「倭王の済が遣使して奉献してきた」と書かれている。ここから、その時点でどちらも王として即位していたことがわかるが、興に関しては「世子《せいし》」となっているのだ。この世子という言葉を付されているのは五王のなかで興しかいない。

世子とは跡継ぎ、後継者という意味。すなわち興は、王の跡継ぎではあるが、まだ即位していないことになる。他の四人の倭王とは立場が異なるのだ。なぜ、興は即位してから遣使しなかったのだろうか。

●倭国内で即位をめぐる混乱があったのか

『日本書紀』にはそのあたりの事情がいっさい記されていないので詳細は不明だが、当時、国内で何らかの混乱があったのではないかという説が唱えられている。たとえば、次のような説である。

『宋書』や倭王武の上表文《じょうひょうぶん》をみると、興が済の息子であることはほぼ間違いない。しかし、済に比定される允恭天皇には複数の息子がいて、当初は木梨軽皇子《きなしのかるのみこ》が即位するはずだった。ところが、木梨軽皇子は同母妹の軽大郎女《かるのおおいらつめ》を犯した罪によって即位前に廃太子《はいたいし》とされ、安康天皇が即位することになった。

宋への遣使は允恭天皇の時代にすでに決まっていたが、允恭天皇が亡くなったことや木梨軽皇子の事件によって延期になってしまう。そして結局、安康天皇が即位する前、まだ世子の立場だったときに遣使が行なわれた。そのため安康天皇、すなわち興は王を名乗らないまま、世子として遣使してきたのではないかというのである。

これはあくまで仮説にすぎず、真偽のほどはわからない。しかし、興は四六二年の遣使によって歴代の王同様に「安東将軍・倭国王」の称号を与えられ、王権を強化したのである。

興と目される安康天皇の周囲の系譜

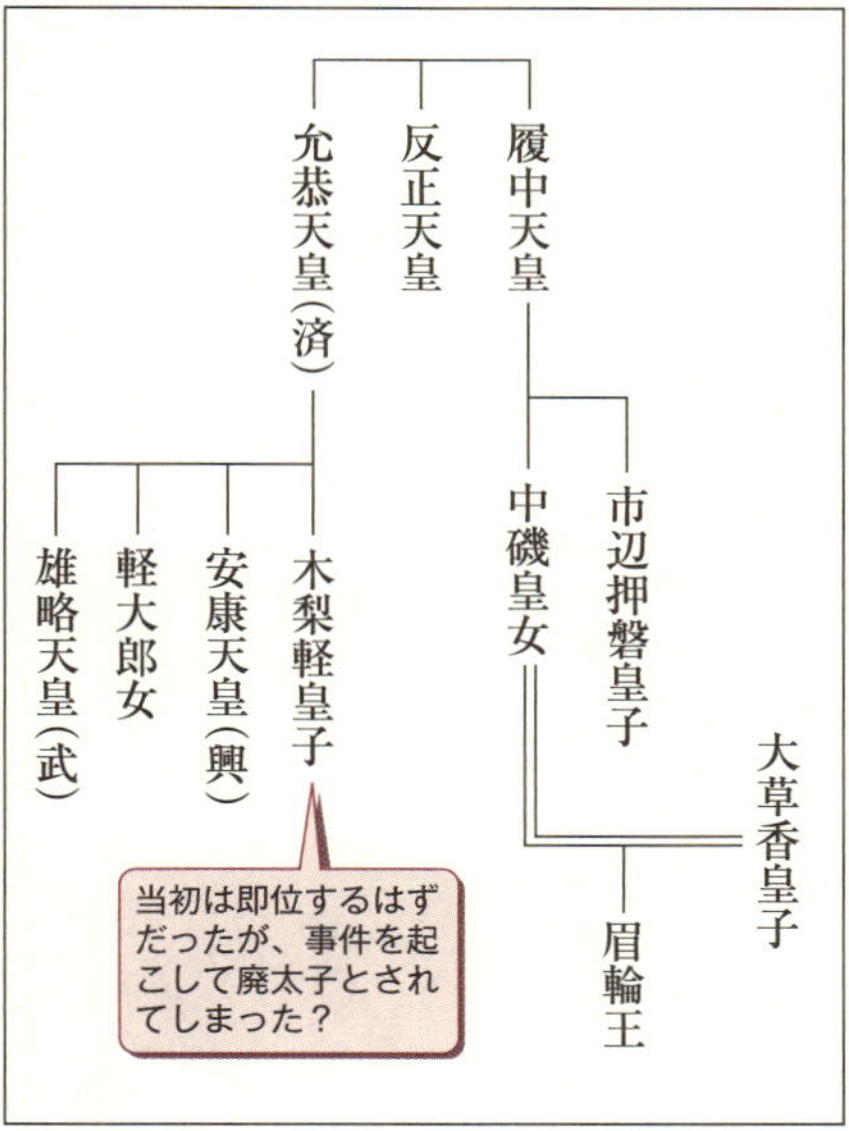

武――倭の五王⑤

高句麗に対抗するために送られた「倭王武の上表文」

●最高位の官爵を求めた倭王武

倭の五王の五人目は武《ぶ》である。武は興の弟で、雄略天皇に比定される。済、興とともに「武＝雄略天皇」はほぼ定説化している。

武の宋への遣使は四七七年と四七八年の二回行なわれているが、最初の派遣は本当に武によるものかどうか疑わしい。それというのも、四七七年の遣使は「倭国」と記されているだけで、王の名が記されていないからだ。武でなく興による遣使だったとか、史料の誤《ご》植《しょく》で実際はなかったといった解釈がなされているが、真相は明らかになっていない。

一方、四七八年に関しては武の遣使と考えて間違いない。このとき武は手紙を送っており、その内容が『宋書』に収録されている。いわゆる「倭王武の上表文」である。

当時、中国王朝へ朝貢する際には、上表文を呈上するのが慣例だった。倭王の上表文はほとんど記録として残っていないが、武のものはほぼ全文が形をとどめており、貴重な史料となっている。

上表文には、「倭国は代々忠実に宋に遣使・朝貢してきたが、高句麗の横暴により周辺諸国が大変な目にあっている。そこで高句麗討伐のために出兵することにしたので、宋の後ろ盾を得たい。ついては、みずから授けた仮の官爵を正式に認めてほしい」とある。

このとき武は「使持節・都督倭百済新羅任那加羅秦韓慕韓七国諸軍事・安東大将軍・倭国王」という官爵を自称していた。歴代の倭王が授かった官爵は「安東将軍・倭国王」。

各国使の姿

２段目中央が倭国使（「梁職工図」より」）

済だけは「使持節・都督倭新羅任那加羅秦韓慕韓六国諸軍事・安東大将軍・倭国王」という高位の官爵を得ていたが、武が自称した官爵は、済が軍事指揮権を認められた六国に百済を加えて七国とした、より高位の官爵だった。つまり武は、倭から慕韓までの七国における軍事指揮権を求めたのである。

武の要求はほかにもあった。新たに「開府儀同三司《かいふぎどうさんし》」という官爵を欲したのである。開府儀同三司とは、中国王朝の最高官職にのみ許されていた官庁を設置し官僚を置く権利のことで、名目上最高の待遇を意味した。

なぜ、武はこうした高位の官爵を求めたのだろうか。その理由は、高句麗の脅威が拡大の一途をたどっていたからだと考えられている。

●激動する東アジア情勢に翻弄される

四六〇年代に入ると中国大陸では北魏が勢力を拡大し、宋は劣勢に立たされていた。四六〇年代半ばには北魏が宋へ侵攻し、宋はますます圧迫された。

そうしたなか、宋は高句麗の長寿王《ちょうじゅおう》に開府儀同三司の官爵を授け、高句麗を自陣営に組み入れようとする。しかし、高句麗は宋の思惑どおりに動かず、四六〇年代後半から北魏に毎年遣使して、その力を得ようとした。高句麗としては、北魏との良好な関係を保ちつつ、朝鮮半島で南下政策を推進したかったのである。

高句麗と対立関係にあった百済は四七二年、北魏に朝貢して高句麗討伐の必要性を訴え

倭王武の時代の東アジア情勢

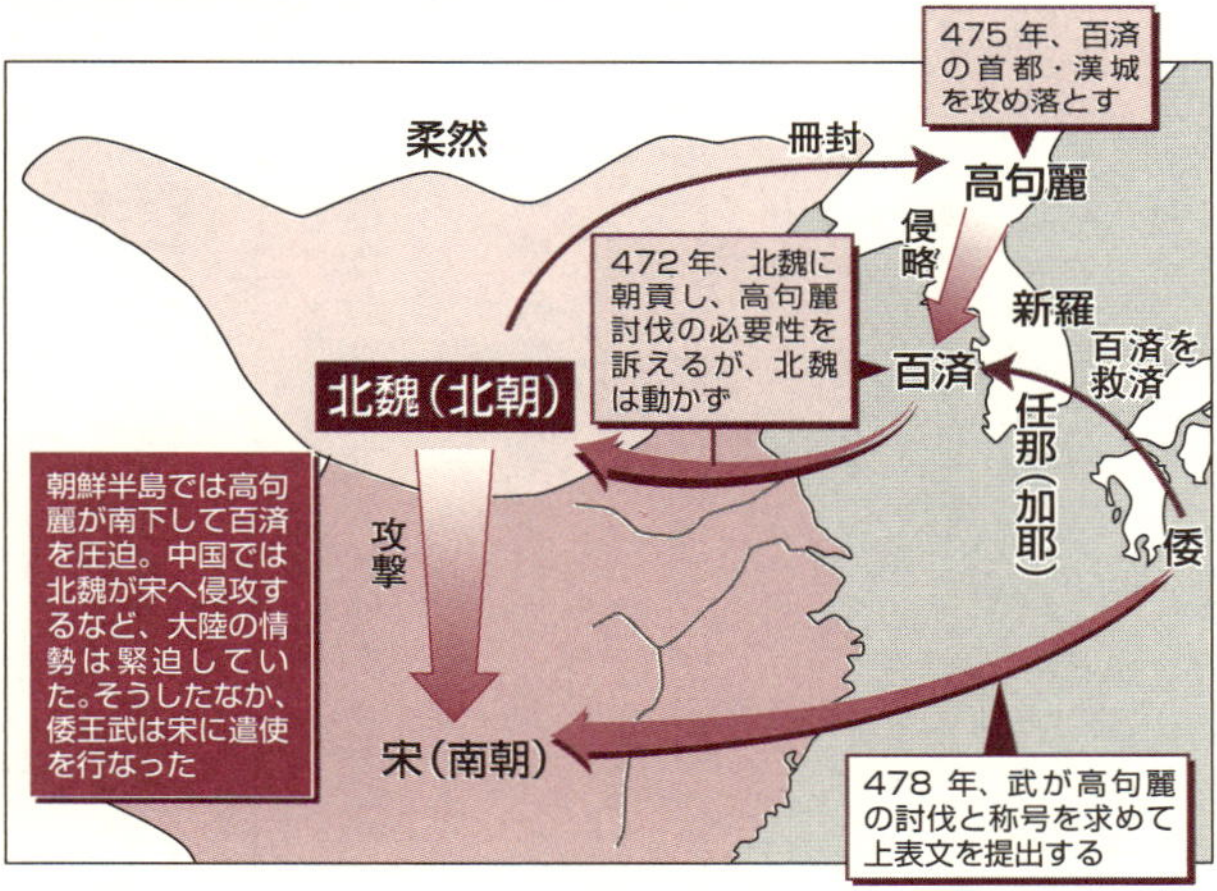

た。ところが、高句麗の熱心な朝貢を受けていた北魏は、百済の要求に応じなかった。これは高句麗のしたたかな外交政策の勝利といえるだろう。

結局、百済は四七五年に高句麗の侵攻を受け、首都・漢城を攻め落とされた上、王を殺害されてしまう。

この三年後の四七八年に武は上表文をもたせた使者を宋に送り、高句麗と同格の官爵を求めたのである。

しかしながら、武は済が授与された以上の官爵を得ることはできなかった。宋にとっては倭を優遇するよりも高句麗の反発を避けるほうが重要だったのだろう。武のもくろみは失敗に終わったのである。

国内情勢の変化

ヤマト政権による全国統一の過程を示す記録

●上表文に書かれたヤマト政権の全国統一

倭王武が四七八年に宋へ遣使を送ったとき、高位の官爵を求める上表文をもたせたことはすでに述べたが、上表文に書かれているのは爵号の要求だけではない。ヤマト政権の勢力拡大の様子も記されているのだ。その部分を次にあげてみよう。

昔より祖禰《そでい》躬《みずか》ら甲冑《かっちゅう》を擐《つらぬ》き山川を跋渉《ばっしょう》し、寧処《ねいしょ》に遑《いとま》あらず。東は毛人《もうじん》を征すること五十五国、西は衆夷《しゅうい》を服すること六十六国、渡りて海北を平ぐること九十五国

すなわち、倭王武の先祖はみずから武装して休息をとるまもなく山川を渡り歩き、東では蝦夷《えみし》の五五ヵ国を平らげ、西では熊襲《くまそ》の六六ヵ国を抑え、さらに海外では朝鮮半島の九五ヵ国を従えて強国を建設した、と宋の順帝《じゅんてい》に国内外の征服の事実を伝えている。

その真偽はともかく、ヤマト政権による全国統一の過程を示すものとして、上表文は現在も重要視されている。

倭王武の上表文

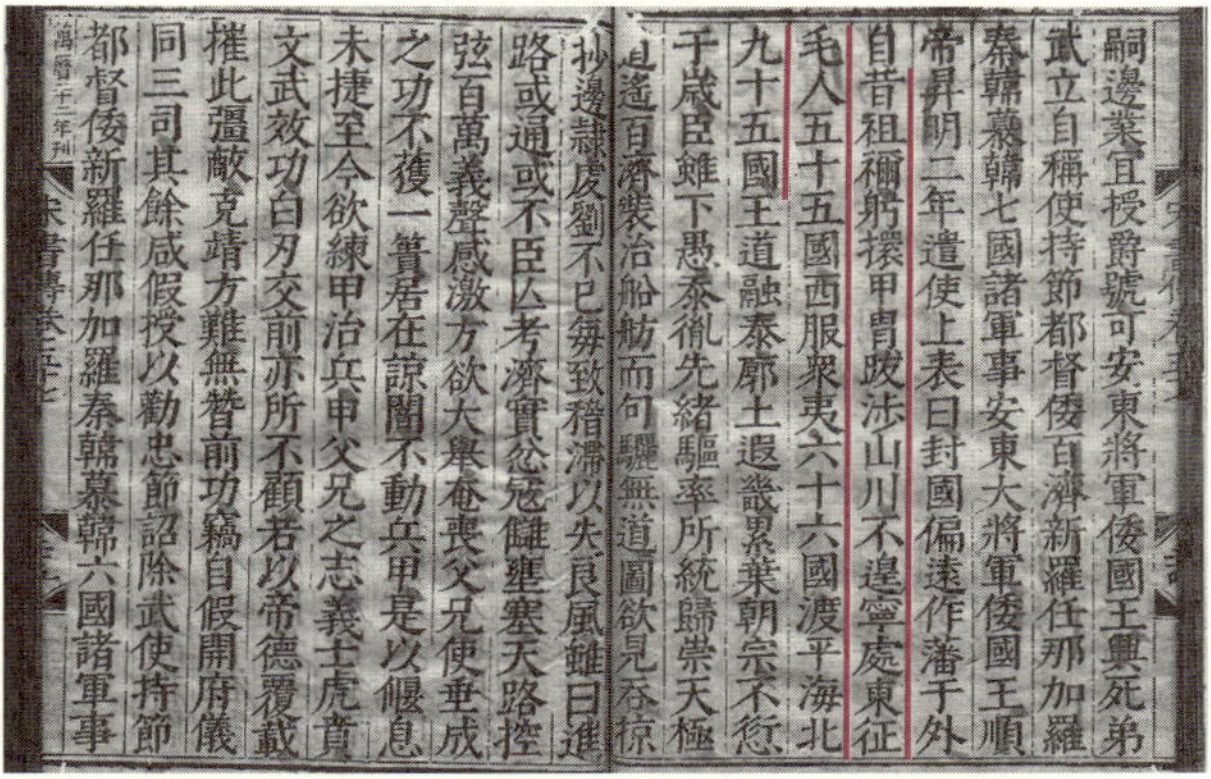
嗣邊業宜授爵號可安東將軍倭國王興死弟
武立自稱使持節都督倭百濟新羅任那加羅
秦韓慕韓七國諸軍事安東大將軍倭國王順
帝昇明二年遣使上表曰封國偏遠作藩于外
自昔祖禰躬擐甲冑跋渉山川不遑寧處東征
毛人五十五國西服衆夷六十六國渡平海北
九十五國王道融泰廓土遐畿累葉朝宗不愆
于歳臣雖下愚忝胤先緒驅率所統歸崇天極
道遙百濟装治船舫而句驪無道圖欲見呑掠
抄邊隸虔劉不已毎致稽滯以失良風雖曰進
路或通或不臣亡考濟實忿寇讎壅塞天路控
弦百萬義聲感激方欲大舉奄喪父兄使垂成
之功不獲一簣居在諒闇不動兵甲是以偃息
未捷至今欲練甲治兵申父兄之志義士虎賁
文武效功白刃交前亦所不顧若以帝德覆載
摧此彊敵克靖方難無替前功竊自假開府儀
同三司其餘咸假授以勸忠節詔除武使持節
都督倭新羅任那加羅秦韓慕韓六國諸軍事
萬曆二十二年刊

『宋書』に収録された上表文。右頁にヤマト政権による全国統一の様子が記されている（写真提供：国立公文書館）

●「記・紀」に残るヤマト政権の勢力拡大

「記・紀」にもヤマト政権の全国統一を描いた記述が少なくない。

たとえば、神日本磐余彦尊《かむやまといわれひこのみこと》（のちの神武天皇《じんむ》）が、「日向《ひむか》は日本を治めるにはふさわしくない」と兄らと相談し、浪速《なにわ》の海、熊野《くまの》をへて大和に入り、国造りを果たす神武東征《とうせい》、崇神天皇《すじん》によって各地に派遣された四道将軍《しどうしょうぐん》の物語、そして景行《けいこう》天皇の命を受けて九州の熊襲平定から東国《とうごく》平定までを完遂したヤマトタケルの遠征などがあげられる。

こうした伝承が歴史的事実を反映したものだとすれば、ヤマト政権は戦争を幾度も重ねて全国統一を成し遂げたのだろうと推測できる。しかしながら、実際に全国統一戦争が行なわれたかどうかは疑わしく、倭王武の上表文の内容に関しても疑問を呈する声が上がっているのである。

●全国統一戦争はなかったのか

大規模な軍事的衝突は何かしらの痕跡を残す。古代であっても、それなりの規模の争乱が起こっていたとするなら、考古学的な史料が残っていないとおかしい。たとえば武器や防具、犠牲者の骨、軍事拠点の跡などが代表例で、弥生時代の遺跡ではそうしたものが確認されている。

ところが、古墳時代を通じて考古学的史料はみつかっておらず、日本各地の遺跡で文化の断絶も確認されていない。ここから、ヤマト政権は平和的に勢力を拡大していき、全国統一を実現したのではないかとも考えられるのである。

では、倭王武の上表文に記された内容はどのように解釈するべきなのだろうか。

歴史学者の河内春人氏は、武の上表文は当時の慣用表現を用いただけかもしれないという説を著書『倭の五王』（中央公論新社）のなかで披露している。古代中国では、周囲の敵と戦うことを「東征」や「西服」と表現し、慣用表現的に用いることがあった。したがって、武も上表文を書く際、そうした中国の慣例に倣ったのではないかという。

古代史に詳しい志水正司氏も『倭の五王に関する基礎的考察』（史學39巻2号）において、上表文は中国古典の句を借用したにすぎないとしている。中国皇帝に理解してもらうために、あえて中国流の君主の姿を描写しただけという意見もある。

ヤマトタケル

大遠征を行なったヤマトタケル（歌川国芳画）

ヤマト政権は強大な武力をもちいて全国統一を成し遂げたとするイメージが強い。しかし、もしかすると上表文や神話・伝承が伝えるよりもずっと平和的に勢力範囲を広げていったのかもしれない。

遣使の終焉

中国との断交、冊封態勢からの離脱を決意

●半世紀以上続いた遣使の終わり

倭王讃が四二五年に開始した中国王朝への遣使は、倭王武による四七八年の遣使が最後となった。倭の五王の遣使が終わったのである。これによって倭と中国の外交関係は絶たれ、六〇〇年の遣隋使《けんずいし》派遣まで一二〇年もの間、通交がなくなってしまった。

武は四七八年の最後の遣使の際、すでに中国との断交を想定していたフシがある。武はこの遣使で宋の皇帝に上表文を送り、高位の官爵を要求した。「倭国は代々忠実に宋に遣使・朝貢してきたが、高句麗の横暴により周辺諸国は大変な目にあっている。そこで高句麗討伐のために出兵することにしたので、宋の後ろ盾を得たい。ついては、みずから授けた仮の官爵を正式に認めてほしい」――この文言の裏を返せば、望みどおりの官爵が認められなければ、これまでのように朝貢はしないと宣言していることになるのだ。

だが結局、宋は要望を聞き入れなかったため、武は宋と断交した。つまり、武としてみ

れば、四七八年の遣使のときに中国との外交関係の遮断、ひいては冊封体制からの離脱を決意していたと考えられる。

そもそも官爵について不満を抱いていたのは武だけではない。武以前の倭王たちも、朝鮮半島への影響力を強めるために必要な官爵を、宋がなかなか授与しないことに対して苛立ちを募らせていた。その不満が武の時代になって限界に達したと推測される。

●東アジア情勢の変化が対中断交を後押しした

武が中国との断交を決めた背景として、東アジア情勢の変化も見逃せない。

当時の宋は北魏に押され、落日の気配が濃厚になっていた。弱体化した宋に頼り続けるメリットを見出すことは難しかっただろう。

また朝鮮半島では、四七五年に百済が高句麗によって事実上の滅亡に追い込まれていた。首都・漢城が陥落し、王は戦死。王族や貴族は熊津《ゆうしん》に遷都して再出発することにした。このとき、ヤマト政権は新生・百済に物部《もののべ》氏を送り込むなどして影響力を強めていく。すると百済から鉄などの資源や馬、先進技術などを、それまで以上に得られるようになった。

こうした状況だったから、武としては中国と断交して冊封体制から離脱したとしても特に問題ないと判断したと考えられるのである。

●王権が強化され、自立の道を歩み始めた倭国

もうひとつ、倭国内において王権が強化されていたことも、武を強気にさせたと要因とみられている。

倭王済は四五一年に遣使したとき、「使持節・都督倭新羅任那加羅秦韓慕韓六国諸軍事・安東大将軍・倭国王」の官爵を得て、倭の国際的地位を大きく向上させた。歴史学者の武光誠氏によると、この頃から倭王は「天王《てんのう》」の称号を使うようになったという。

天王とは皇帝よりは格下だが、王よりははるかに有力な君主が称した号。倭王がこの号を使い始めたということは、倭王の権威が強化され、地位も高まり、もう宋の後ろ盾を得なくとも列島支配を安定的に行うことができるようになったことを意味しているのではないかと考えられるわけだ。

武が遣使をやめ、冊封体制から離脱したことにより、倭国内では「王は日本というひとつの天下の支配者」とする世界観が広まった。そして倭の王権は自立の道を歩み始めたのである。

倭が遣使をやめた３つの理由

①東アジア情勢が変化した

宋は北魏に押されて弱体化し、頼りがいがなくなった。また、倭と軍事同盟を結んでいた百済は475年に一時滅亡し、倭の半島における影響力は低下してしまった

②望みどおりの官爵が得られない

倭の五王は宋に朝鮮半島の軍事的支配権を認めてもらおうとしていた。しかし、宋は倭が望むような官爵を与えず、倭は半島における影響力を強めることができなかった

宋から与えられた将軍号の各国比較

中国（南朝）		東晋					宋								
任官年		372	386	413	416	420	421	430	438	443	451	457	462	463	478
第一品	車騎大将軍													高句麗	
第二品	車騎将軍														
	征東大将軍					高句麗									
	鎮東大将軍					百済		百済				百済			
	安東大将軍										済?				武
第三品	征東将軍			高句麗											
	鎮東将軍	百済	百済		百済										
	安東将軍						讃		珍	済			興		

高句麗の将軍号　百済の将軍号　倭の五王の将軍号

③中国王朝の権威が必要なくなった

倭国内でヤマト政権の勢力が拡大し、倭王の権威も強大化したため、中国王朝の権威を借りなくとも、安定的に列島を支配できるようになった

こらむ

ヤマト政権の鉄の覇権

ヤマト政権が朝鮮半島に進出した背景に、鉄の存在があったことは間違いないことだろう。

日本に鉄器が出現したのは弥生時代以降で、古墳時代に入ってから流通量が激増したのである。

ただし、当時はまだ日本では製鉄が始まっておらず、大陸から輸入されたものがほとんどだった。

朝鮮半島では早くから製鉄が行なわれていたようで、精錬炉《せいれんろ》、溶解炉《ようかい》、鍛冶炉《かじ》を備えた４世紀頃の遺跡がみつかっている。

そうした場所で生産された鉄を求めて、ヤマト政権は朝鮮半島との交易を続けていたのである。

しかし、５世紀半ばには日本でも製鉄が始まり、鍛冶技術も向上。やがてそれを朝鮮半島に輸出するようにもなった。国内の覇権を握るためには、鉄の覇権を握ることが必要だったのである。

第五章　遣使後の日本

雄略天皇

大王中心の中央集権国家を作り上げた「倭王武」

●残酷な殺戮を繰り返す「大悪天皇」

初期のヤマト政権は、盟主であるヤマト政権と地方の諸勢力がゆるやかに結びついた連合国家だった。それを大王《おおきみ》（天皇）専制の中央集権国家へと変えたのが、五世紀における最も有力な大王とされる第二十一代の雄略《ゆうりゃく》天皇だ。倭《わ》の五王《ごおう》のうち、「武《ぶ》」に比定される人物である。

雄略天皇の諱《いみな》は大泊瀬《おおはつせ》幼武《わかたけ》という。「武」の文字が示すように、武勇に優れ、自信にあふれた性格だったと考えられている。ただし「記《き》・紀《き》」では、善悪二面性をもつ人物として描かれている点が興味深い。

まず悪の側面、「大悪天皇《はなはだあしきすめらみこと》」の側面に関してみてみると、『日本書紀《にほんしょき》』に雄略天皇は人の意見を聞かず、誤って人を殺すことが多く、暴虐《ぼうぎゃく》だったとある。事実、雄略天皇は皇位継承を争うライバルたちを次々と殺害して即位している。

雄略天皇の二面性

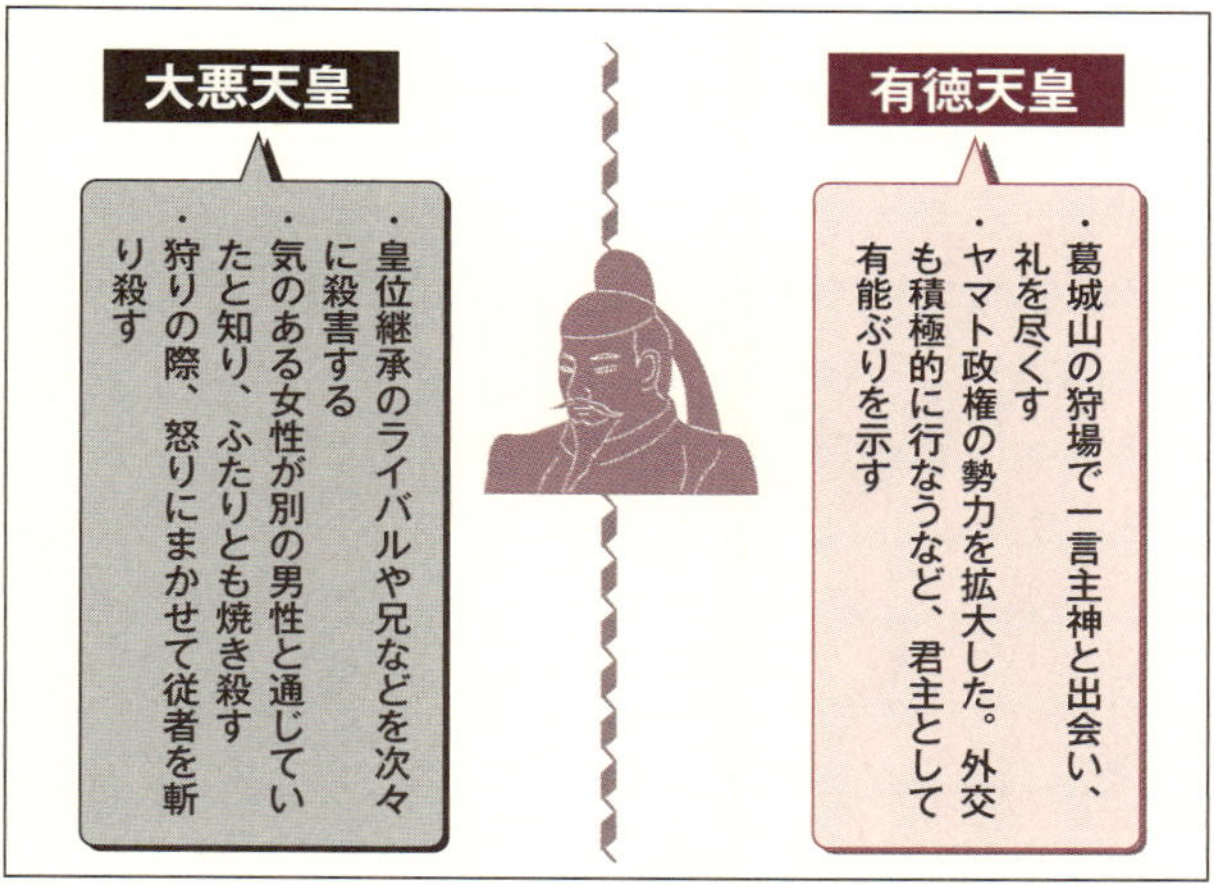
有徳天皇
・葛城山の狩場で一言主神と出会い、礼を尽くす
・ヤマト政権の勢力を拡大した。外交も積極的に行なうなど、君主として有能ぶりを示す
大悪天皇
・皇位継承のライバルや兄などを次々に殺害する
・気のある女性が別の男性と通じていたと知り、ふたりとも焼き殺す
・狩りの際、怒りにまかせて従者を斬り殺す

少年時代、兄の安康《あんこう》天皇が義理の息子の眉《まよ》輪王《わおう》に暗殺されたと知ると、もうひとりの兄の黒日子《くろひこ》に近づいて仇討ちをしようと誘うが、黒日子が煮え切らない態度をみせたため激昂して殺してしまう。もうひとりの兄の白日子《しろひこ》もやはり煮え切らない態度をみせたという理由で生き埋めにして殺害。有力豪族の屋敷に逃げ込んだ眉輪王に至っては、屋敷もろとも焼き殺した。

さらに皇位継承のライバルである従兄弟の市辺押磐皇子《いちのべのおしわのみこ》を狩りに誘い出して殺害するなど、雄略天皇は暴虐の限りを尽くした。

雄略天皇の悪行は即位後も続く。百済《くだら》の王族の娘である池津媛《いけつひめ》が別の男性と通じていたと知ってふたりとも焼き殺したり、狩りの際、怒りにまかせて従者を斬り殺したりした。こうした行為は世間にも知れ渡り、民衆は雄略天皇の度を超えた恐ろしさに震え上がった。

●「有徳天皇」とみなされる理由

一方、『日本書紀』は雄略天皇の善の顔、「有徳天皇《おむおむしくましますすめらみこと》」の側面も伝えている。葛城山《かつらぎさん》で狩りをしていたとき、一言主神《ひとことぬしのかみ》と遭遇した雄略天皇は、礼を尽くしてもてなし、ふたりで日暮れまで狩りを楽しんだ。帰り道、一言主神は雄略天皇を来目河《くめかわ》まで送ってくれた。人々はこの様子をみて、雄略天皇を「有徳天皇」と称えたという。この伝承は天皇自身が神的な存在であることや、神的な存在に対して敬虔《けいけん》な態度で臨む精神を持ち合わせていること、そして為政者《いせいしゃ》として認められていたことを示している。

もうひとつ、ヤマト政権の勢力を拡大し、飛躍的に発展させたことも、雄略天皇の「善」の側面に含まれる。雄略天皇は吉備《きび》や毛野《けの》、日向《ひむか》などの地方勢力を臣従させて中央集権化を進めた。一方、畿内《きない》では平群《へぐり》氏、大伴《おおとも》氏、物部《もののべ》氏といった有力豪族を抜擢して宮廷組織を整備したり、渡来人《とらいじん》を重用し豪族の既得権益をヤマト政権の元に集約し直すなど内政にも力を入れた。さらに外交では「倭王武」として中国の冊封《さくほう》体制から離れ、自立の道を選

統治構造の変化

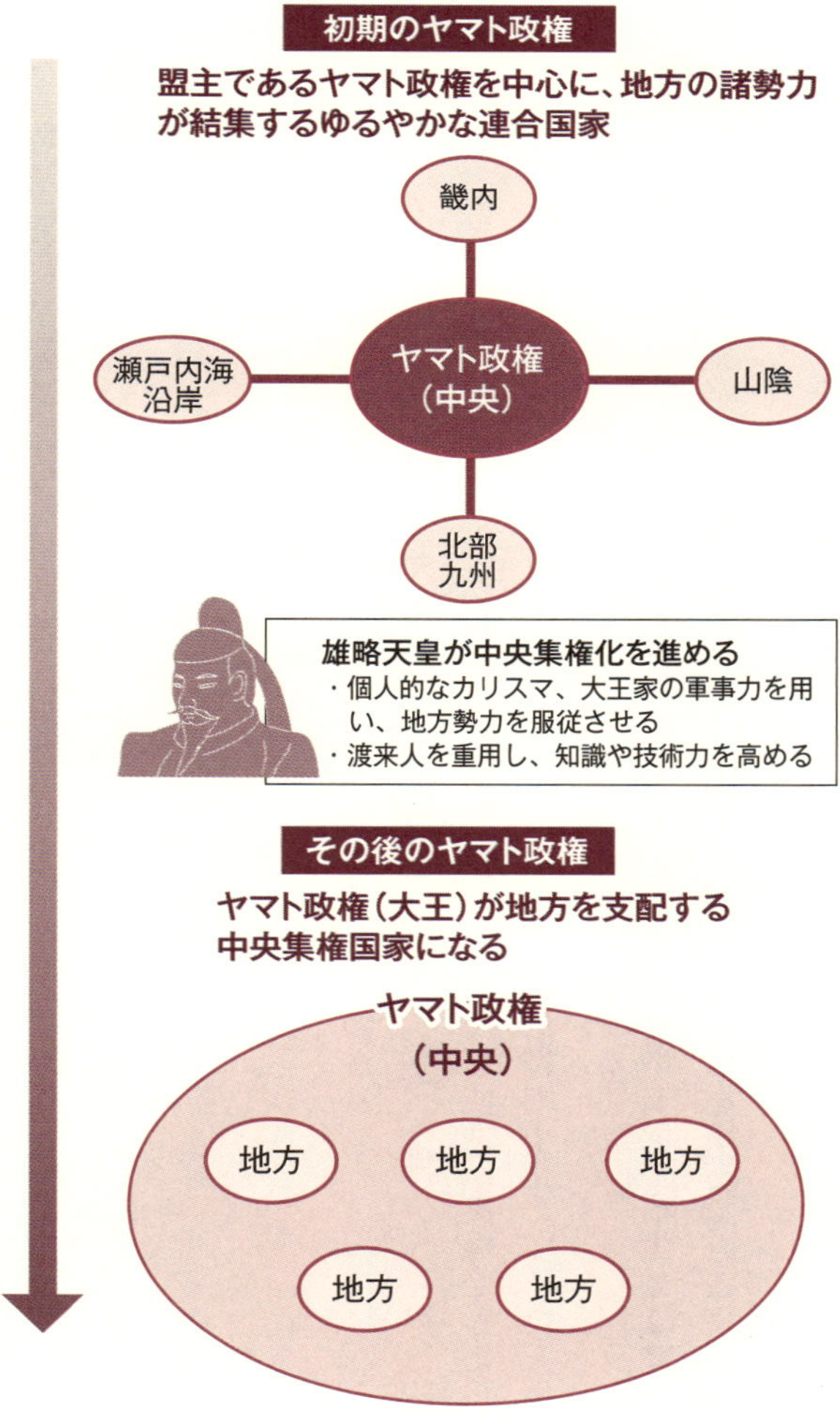
初期のヤマト政権
盟主であるヤマト政権を中心に、地方の諸勢力が結集するゆるやかな連合国家
畿内
瀬戸内海沿岸
ヤマト政権（中央）
山陰
北部九州
雄略天皇が中央集権化を進める
・個人的なカリスマ、大王家の軍事力を用い、地方勢力を服従させる
・渡来人を重用し、知識や技術力を高める
その後のヤマト政権
ヤマト政権（大王）が地方を支配する中央集権国家になる
ヤマト政権（中央）
地方
地方
地方
地方
地方

んだとされる。

確かに、雄略天皇は善悪二面性をもつ人物だった。しかしその功績をみる限り、古代日本屈指の有能なリーダーといって間違いないだろう。カリスマ性をもち、決断力・実行力に優れた英雄である。

●巨大な前方後円墳と雄略天皇の治績

雄略天皇の権勢がどれほど絶大なものだったかは古墳をみてもわかる。

雄略天皇陵とされているのは島泉丸山古墳《しまいずみまるやま》（大阪府羽曳野市《はびきの》）だが、現・仲哀天皇《ちゅうあい》陵の岡《おか》ミサンザイ古墳（大阪府藤井寺市《ふじいでら》）が本来の雄略天皇陵である可能性が高いと考えられている。この全長二三八メートルの巨大な前方後円墳《ぜんぽうこうえんふん》は、全国的に縮小化していた五世紀後半の前方後円墳のなかでは異例の大きさを誇る。雄略天皇陵にふさわしい古墳だ。

また、そもそも巨大な前方後円墳がつくられなくなった時期は雄略天皇の時代とほぼ同じ時期にあたる。これは雄略天皇の全国統一事業が進み、巨大な古墳を築造できるような首長が地方にいなくなった裏づけにもなる。大王を頂点とするヤマト政権の影響力は、着実に全国に浸透していたのだ。

岡ミサンザイ古墳

全長238メートルの前方後円墳。現在は仲哀天皇陵とされているが、雄略天皇陵である可能性が高いといわれている

こらむ　古代史ミステリー

雄略天皇の奇談が異様に多い理由

『日本書紀』には雄略天皇の奇談が数多く記されている。たとえば、天皇が部下の蜾蠃《すがる》に蚕《かいこ》を集めるよう命じたところ、蜾蠃は「蚕」と「子」を勘違いし、子どもを献上してきた。天皇は大笑いし、蜾蠃に「少子部《ちいさこべ》」の姓を与え、子どもの養育を命じたという。また、丹波《たんば》国の水江浦島子《みずのえのうらしまこ》という者が大きな亀を釣り上げると、亀は突然女になった。その女を浦島子が妻にすると、海中に導かれて蓬莱山《ほうらいさん》に至り、仙人たちと遊んだという。時代の転換期には、説話が集められることが多いが、雄略天皇の時代は新時代の幕開けとみなされていたようだ。

地方勢力のその後

吉備、筑紫の乱をことごとく制圧

●地方の二大勢力、出雲と吉備

五世紀、ヤマト政権は支配地域を全国に広げていったが、政権に臣従しない地方勢力もいくつか存在していた。その地方勢力のなかでヤマト政権に比肩《ひけん》する二大勢力として君臨していたのが出雲《いずも》と吉備《きび》の勢力である。

出雲は「記・紀」にひじょうに多くの関連神話がみられる「神々の国」。青銅器《せいどうき》が大量に出土していることや独特の四隅突出型墳丘墓《よすみとっしゅつがたふんきゅうぼ》が存在していることなどからも、出雲の勢力は並々ならぬ力をもっていたと考えて間違いない。

ヤマト政権が出雲に進出したのは三世紀頃、崇神《すじん》天皇の時代との見方があるが、真相はわからない。しかし、東部地域で前方後円墳が築造されるなど、大和《やまと》と同じような規格の古墳が築造され始めたことから、六世紀頃には出雲にもヤマト政権の影響力が波及していたと考えられる。

ヤマト政権と対峙する主な地方勢力

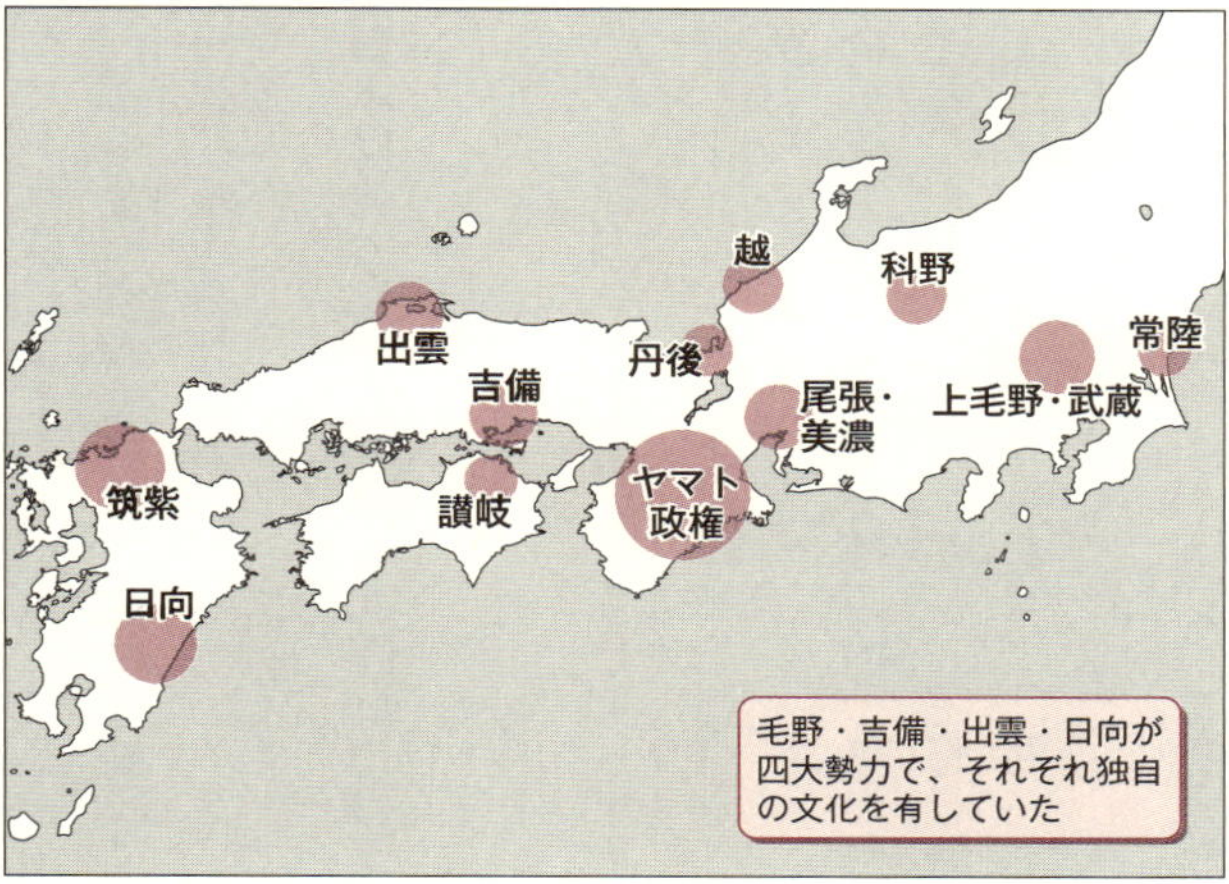

吉備は造山《つくりやま》古墳、作山《つくりやま》古墳、両宮山《りょうぐうさん》古墳といった地方とは思えない巨大古墳を有する強大な勢力だった。瀬戸内海の航路を押さえ、海外と交易を行なっていたともいわれている。

初期ヤマト政権とは対等な関係にあったが、崇神天皇の時代に四道将軍《しどうしょうぐん》のひとりである吉備津彦《きびつひこ》が派遣され、吉備は平定された。

その後、ヤマト政権は応神《おうじん》天皇、仁徳《にんとく》天皇の二代にわたり、婚姻政策で吉備と密接な関係を結んでこれを傘下に置くとともに、勢力を分散させて吉備の肥大化を阻止。雄略天皇、清寧《せいねい》天皇の時代には吉備の勢力が3回にわたり反乱を起こしたがいずれも鎮圧され、勢力を減退させた。五世紀以降、吉備の古墳が縮小を続ける背景には、たび重なる反乱の失敗と、ヤマト政権による圧迫があったと推測される。

やがて律令国家の成立とともに吉備は備前《びぜん》・備中《びっちゅう》・備後《びんご》の三つの国に分割され、「吉備王国」は事実上解体された。

●東日本に勢力を張る毛野と北部九州の筑紫

出雲や吉備のほかには常陸《ひたち》、毛野《けの》、科野《しなの》、越《こし》、丹後《たんご》、讃岐《さぬき》、筑紫《つくし》、日向《ひむか》などの勢力が地方で力をもっていた。

毛野は上野国や下野国を中心とする地域に君臨していた勢力だ。弥生時代、東海地方から集団移住してきて先住民を淘汰《とうた》すると、豊かな農地と利根《とね》川水系の交易を活用して関東一の勢力にのし上った。

四世紀後半に巨大な前方後円墳が築かれているため、この頃にはヤマト政権に臣従していたことがうかがえる。しかし、毛野を始めとする東国に対するヤマト政権の締め付けはそれほど厳しくはなく、基本的には独立と王権を認められていた。

毛野は五世紀後半になると前橋《まえばし》と太田《おおた》の二大勢力が統合され、武蔵《むさし》も加えて大勢力に成長する。当時、畿内とその周辺部では大型古墳の築造がどんどん減っていたが、関東地方

吉備での反乱

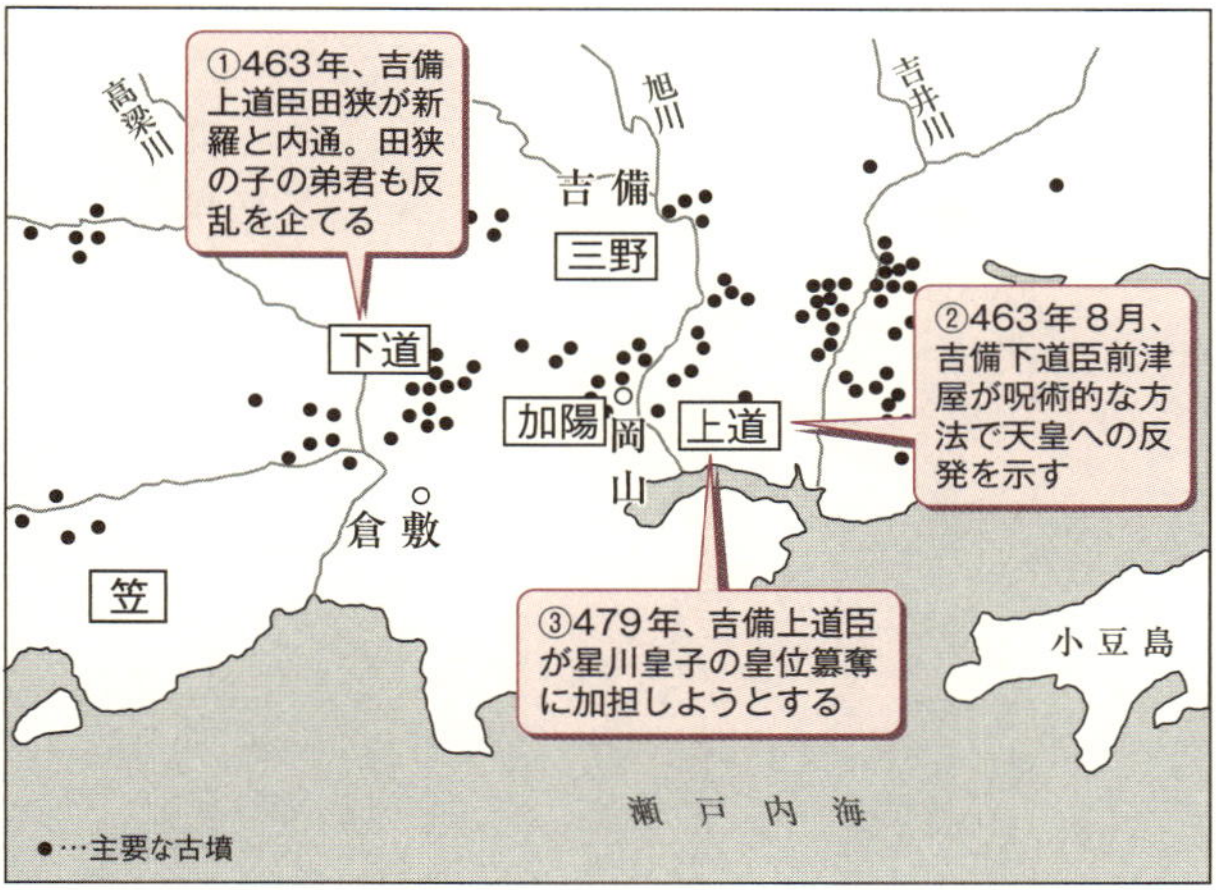

こらむ　古代史ミステリー

桃太郎のルーツとされる吉備の伝承

古来、吉備では温羅《うら》伝説が語り継がれてきた。垂《すい》仁《にん》天皇の時代、身の丈《たけ》四メートル以上もある百済の皇子、温羅が新山に城を築いて住み着き、悪事をはたらいた。人々は燃えるような赤い髪をした温羅を鬼と呼んで恐れた。そこで朝廷は、吉備津彦を派遣。大軍を率いてやってきた吉備津彦は温羅を退治し、首を切り落としたという。この吉備津彦を桃太郎、温羅を鬼のモデルとし、桃太郎伝説が生まれたという説があるのだ。ヤマト政権の進出が桃太郎伝説のルーツとは、なかなか興味深い話である。

では築造が続き、東部の太田には太田天神山古墳《おおたてんじんやま》（群馬県太田市）という全長二一〇メートルに及ぶ前方後円墳がつくられた。これは東日本最大の前方後円墳である。

ヤマト政権は五世紀後半から地方の統制を強めていたが、なぜ東国にはあからさまな臣従を求めなかったのか。その理由は、東国の軍事力を利用し、東北地方へ勢力を伸ばす基盤にするつもりだったからだと考えられている。

しかし、ヤマト政権の圧力が徐々に強まったのか、六世紀後半、毛野で反乱が起こる。これが鎮圧されると、毛野は急速に勢力を減退させた。

筑紫は北部九州の勢力である。北部九州には弥生時代から小国家群が存在し、古墳時代に入ると多くの勢力がヤマト政権とかかわり始めた。なかでも大陸や朝鮮半島への海路を掌握し、独自に交易を行なうなどして大いに栄えていたのが筑紫の勢力だ。

当初、筑紫とヤマト政権との関係は主従関係でも同盟関係でもなかった。しかし、雄略天皇の時代あたりから従属関係が固定化していったようだ。

ヤマト政権は対朝鮮外交のため北部九州の豪族たちに大きな負担を強《し》いた。そのため六二七年に筑紫国造《つくしのくにのみやつこ》・磐井《いわい》が新羅と結び、ヤマト政権に対して乱を起こす。そしてこれが鎮圧されると、ヤマト政権の支配は北部九州全域に広がったのである。

太田天神山古墳

毛野の勢力の象徴とされる。全長 210 メートルに達し、前方後円墳としては東日本で最も大きい（写真提供：太田市教育委員会）

筑紫国造・磐井の乱

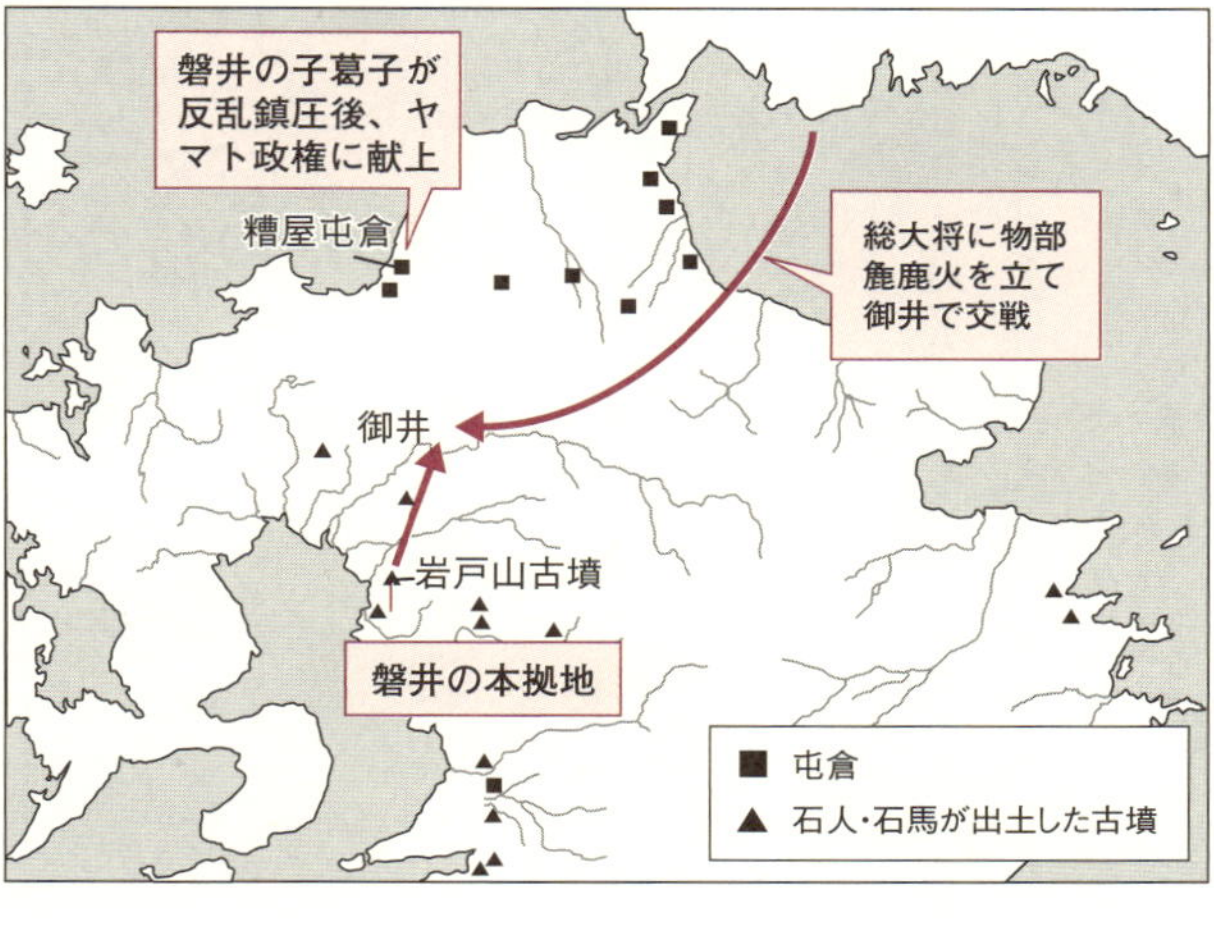

稲荷山鉄剣

東国で出土した鉄剣の銘文が示したヤマト政権の勢力図

●錆びた鉄剣に刻まれていた「ワカタケル」の文字

一九六八（昭和四十三）年、埼玉県行田《ぎょうだ》市にある埼玉《さきたま》古墳群の稲荷山《いなりやま》古墳から全長七三・七センチ、幅三・五センチの鉄剣《てっけん》が出土した。完全に錆《さ》びついていたが、発掘から一〇年後、錆びの除去作業中に金の象嵌《ぞうがん》がみつかり、X線調査を実施したところ、剣身の表裏に一一五文字の銘が刻まれていることがわかった。

これが日本古代史上稀《まれ》にみる大発見となる。銘文《めいぶん》の内容から、ヤマト政権の支配力が明らかになったのだ。

鉄剣の表には剣の所有者とおぼしき「乎獲居臣《おわけのおみ》」という人物の系譜が記されており、裏には「オワケという臣が獲加多支鹵大王の近くに仕え、辛亥《しんがい》の年にこの剣をつくらせた」と記されていた。獲加多支鹵は「ワカタケル」と読むことができ、ワカタケルは「大泊瀬《おおはつせ》幼武《わかたけ》」という諱《いみな》をもつ雄略天皇のことと考えられる。また、辛亥年は四七一年と推定され

稲荷山古墳から出土した鉄剣と銘文の内容

［表］
辛亥年七月中記　乎獲居臣　上祖名意富比垝　其
児多加利足尼　其児名弖已加利獲居　其児名多加
披次獲居　其児名多沙鬼獲居　其児名半弖比

［裏］
其児名加差披余　其児名乎獲居臣　世々為杖刀人
首　奉事来至今　獲加多支鹵大王寺在斯鬼宮時
吾左治天下　令作此百練利刀　記吾奉事根原也

錆びついた剣身の表面に 57 文字、裏面に 58 文字、計 115 文字の銘文が刻まれている（写真提供：さきたま史跡の博物館）

埼玉古墳群の全景

稲荷山古墳を始めとして９基の古墳が点在する。手前に見えるのが稲荷山古墳である（写真提供：さきたま史跡の博物館）

た。これは雄略天皇が在位していた時期と一致し、『宋書《そうじょ》』で倭王武が遣使《けんし》したと伝えている時期とも矛盾しない。こうして鉄剣に刻まれた大王の名は、雄略天皇である可能性が高まった。

一方、稲荷山古墳から遠く離れた熊本県和水町《なごみ》の江田船山《えたふなやま》古墳では一八七三（明治六）年に鉄刀《てっとう》が発見されていた。

稲荷山古墳の鉄剣と同じように、背の部分に銀の象嵌で七五文字の銘文が刻まれており、先に稲荷山古墳の鉄剣が解読されていたおかげで、「ワカタケル大王の時代にムリテが典《てん》曹《そう》という文書を司《つかさど》る役所に仕えていた。この刀はめでたい大刀《たち》である」といった内容が記されていることがわかった。

稲荷山古墳の鉄剣と江田船山古墳の鉄刀のいずれにも雄略天皇の名が記されている。このことは五世紀後半に雄略天皇、ひいてはヤマト政権の支配力が関東から九州にまで及んでいたことを示す証左《しょうさ》といえるだろう。

また、鉄剣と鉄刀には「治天下大王《あめのしたしろしめすおおきみ》」「佐治天下」とも記されていた。注目すべきは「天下」の文字。つまりこの頃、天下を治める大王という意識が国内に浸透していたらしい。雄略天皇の時代には、大王を中心とする公権力がかなりの範囲に広がっていたのである。

鉄剣・銘文の出土状況とヤマト政権の勢力範囲

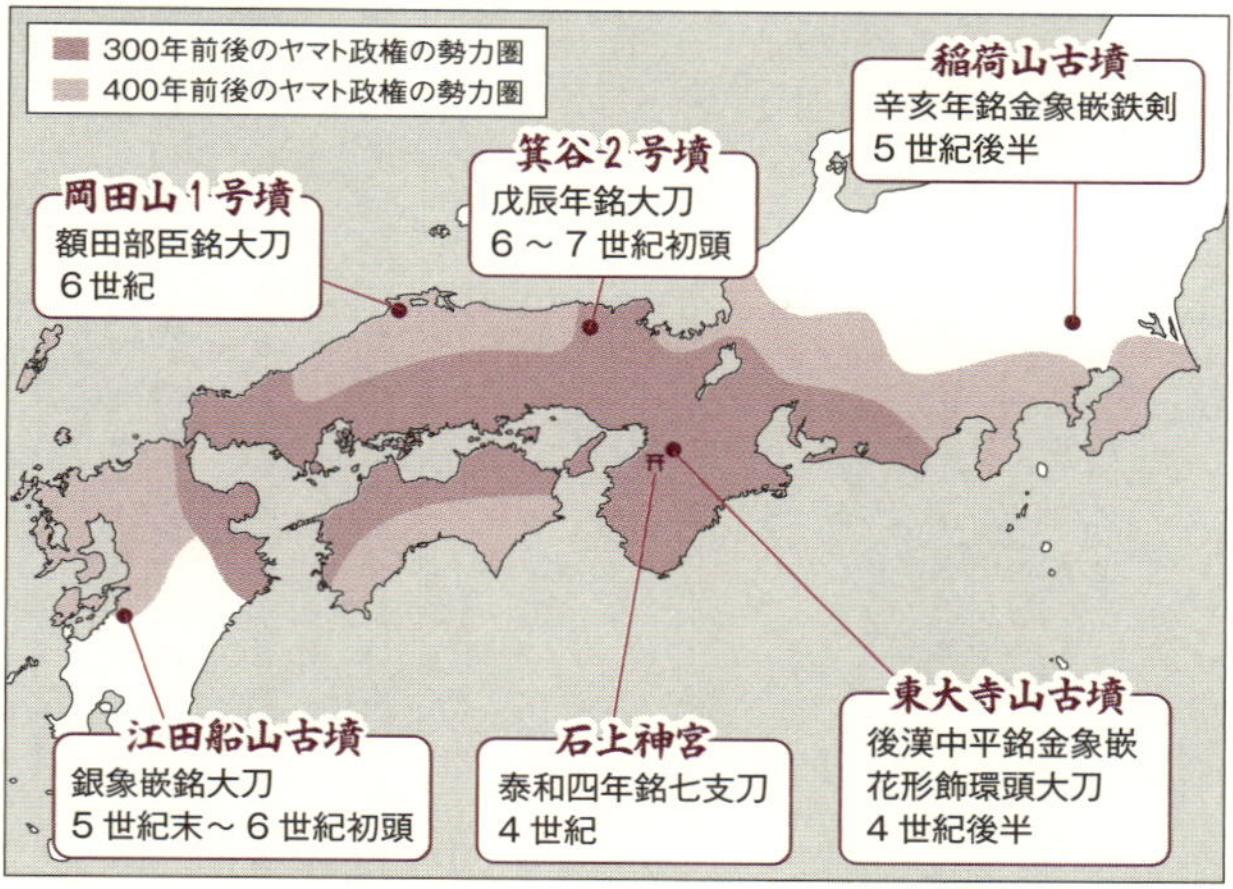

●勢力範囲が東北にまで広がる可能性

最近では二〇一二（平成二十四）年に大きな発見があった。新潟県胎内《たいない》市の城《じょう》の山《やま》古墳から直径約九センチメートルの銅鏡《どうきょう》や勾玉《まがたま》、大刀、斧《おの》、弓《ゆみ》といったヤマト政権の前方後円墳とほぼ似た組み合わせの副葬品が見つかったのである。

これらの副葬品は畿内から持ち込まれたものと推測され、被葬者とヤマト政権との強いつながりがうかがえる。もしかするとヤマト政権は支配領域を北方に広げようとしていたのかもしれない。

今後の考古学的調査により、ヤマト政権の勢力範囲は九州から関東を経て東北にまで広がる可能性がある。

第五章
遣使後の日本

大和の豪族

大伴氏、葛城氏、そして
渡来系の秦氏と東漢氏

●さまざまな形で政権を支えた地元氏族たち

ヤマト政権では、地元・大和の豪族が重要な地位を占めていた。氏族によって得意分野が異なり、大王はそれを踏まえて適職を与えた。

大和の豪族としては葛城《かつらぎ》氏や大伴《おおとも》氏、久米《くめ》氏、巨勢《こせ》氏、和珥《わに》（和邇《わに》）氏などがあげられる。後述する葛城氏を除けば、最もよく知られているのは大伴氏だろう。

大伴氏はヤマト政権において最も有力な氏族のひとつだった。「記・紀」によると、天《てん》孫降臨《そんこうりん》の際に瓊瓊杵尊《ににぎのみこと》の先駆をつとめた天忍日命《あまのおしひのみこと》の後裔《こうえい》だという。四世紀から五世紀にヤマト政権に関わり始め、軍事部門で頭角を現したとされている。

五世紀中頃にはヤマト政権の最高執政官となり、大王の親衛軍の中核を務めた。雄略天皇の時代には大伴室屋《むろや》が大連《おおむらじ》として活躍。室屋の弟もしくは子と伝えられる談《かたり》は新羅《しらぎ》遠征で戦死したらしいが、その子の金村《かなむら》は五世紀末期から六世紀前半にかけて政界で活躍し、

ヤマト政権で勢力を誇った有力豪族

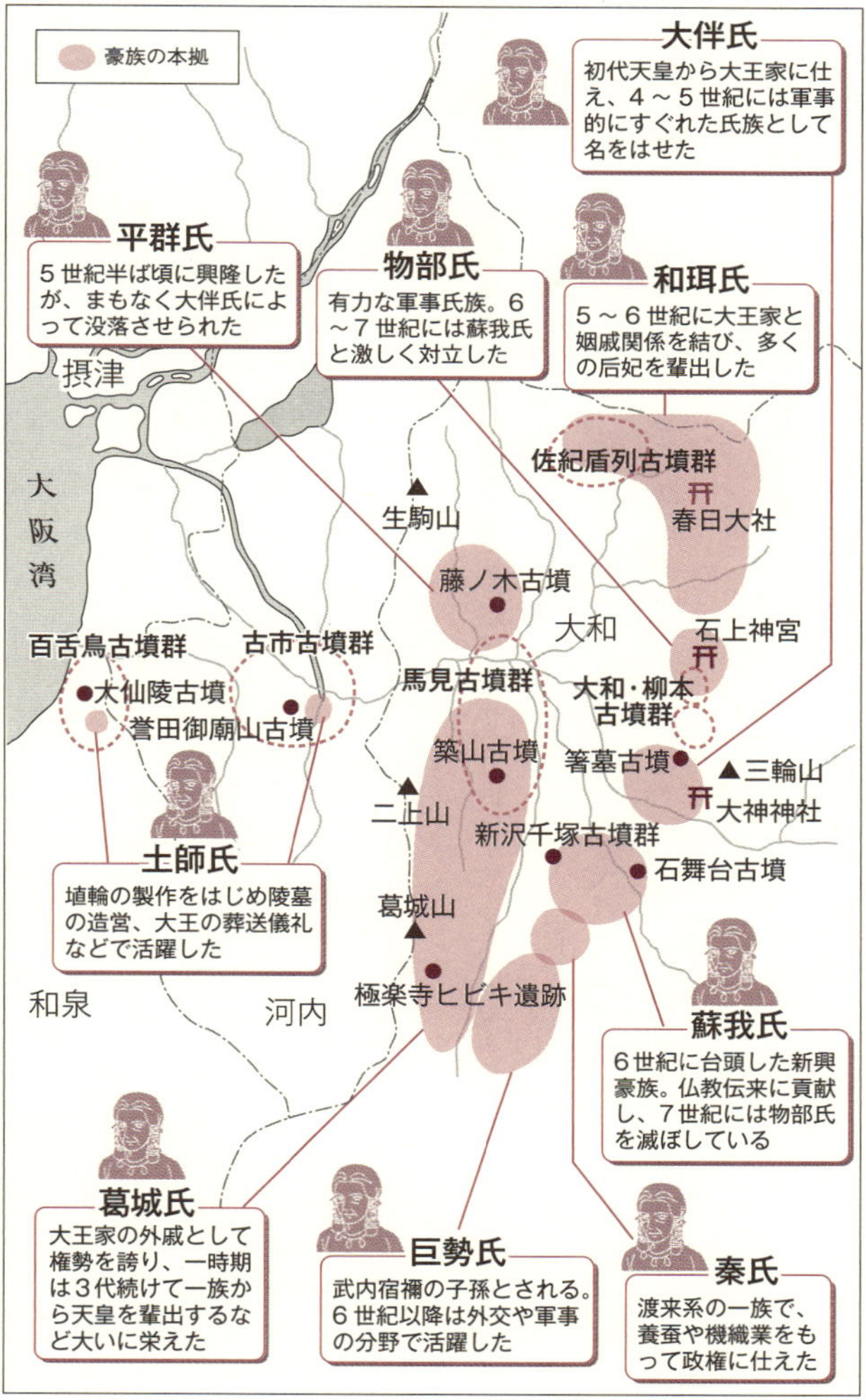

継体《けいたい》天皇擁立《ようりつ》の立役者になったと伝わる。奈良時代には旅人《たびと》や家持《やかもち》といった著名な万葉歌人を輩出した。

この大伴氏の下で、大王の親衛軍として活躍したのが久米氏である。久米氏は天孫降臨や神武《じんむ》東征《とうせい》などの伝承にもその名がみえる。大伴氏同様、軍事的色彩が強く、四世紀以前の初期ヤマト政権においては軍事の主力をつとめていた。

巨勢氏は奈良盆地の南西部、大和と紀伊を結ぶ幹線道路・巨勢路の通過地点にある古瀬《こせ》の地（奈良県御所《ごせ》市）に本拠地を置いていた。武内宿禰《たけのうちのすくね》の後裔と称し、ヤマト政権では対外交渉で活躍した。

奈良盆地東部の和邇を本拠地とする和珥氏は、五世紀から六世紀を中心に大王家と姻戚関係を結び、多くの后妃《こうひ》を輩出している。さらに推古《すいこ》天皇の時代の遣隋使《けんずいし》・小野妹子《おののいもこ》、天武《てんむ》・持統《じとう》天皇の時代の宮廷歌人・柿本人麻呂《かきのもとのひとまろ》、平安時代の遣唐副使・小野篁《たかむら》、書家の小野道風《みちかぜ》、歌人の小野小町《こまち》など、著名な文人を出している家系でもある。

●渡来系の二大勢力、秦氏と東漢氏

渡来系の一族で、大和に定着した者もいる。たとえば、秦《はた》氏や東漢《やまとのあや》氏などである。

「記・紀」によると秦氏は弓月君《ゆづきのきみ》を祖とする。応神《おうじん》天皇の時代、朝鮮半島の百済《くだら》から多くの人々を率いて渡来した弓月君は、当初は京都盆地に居住地を与えられていたが、次第に畿内各地に分散し始め、やがて大和にも定住した。

養蚕《ようさん》や機織《はたおり》をもたらしたことで知られ、「秦」の名は機織にちなむと考えられている。秦氏の先進技術は多くの人々に重宝され、その技術を習得することを望んだ地方の中小豪族が積極的に同族団に加わった。秦氏自身も近江《おうみ》や摂津《せっつ》、河内《かわち》、和泉《いずみ》などに移住して中小豪族を同族団に組み入れ、各地で勢力を高めていった。

東漢氏は五世紀中頃に渡来した阿知使主《あちのおみ》の子孫と伝わる。大和に定着すると文筆や外交、財務面でヤマト政権に仕え、技術・文化の発展に大きく寄与した。

渡来当初は大伴氏の下で活動していたが、大伴氏が失脚《しっきゃく》すると蘇我《そが》氏と結びつく。そして門衛や宮廷の警護などを担当するようになり、政界の謀略などにもしばしば参加した。ちなみに平安時代初期、蝦夷《えみし》平定に大きな功績を残した征夷大将軍の坂上田村麻呂《さかのうえのたむらまろ》は東漢氏の末裔である。

ヤマト政権における渡来系の氏族は、秦氏と東漢氏が二大勢力といえるだろう。

第五章
遣使後の日本

葛城氏

天皇家の外戚となり巨大な権力を握った大豪族の顛末

●天皇の外戚としてのし上がる

ヤマト政権の中枢にいた豪族のなかで、最も強大な権力を誇っていたのが葛城氏である。

葛城氏は、現在の奈良県御所市掖上《わきがみ》の地から葛城市あたりまでを本拠地としていた。「記・紀」によると、このあたりは神武天皇に抵抗し続けた土蜘蛛《つちぐも》の勢力圏で、神武天皇が土蜘蛛を平定するために葛の木で編んだ網を使用したことから「葛城」の地名がついたという。

さらに「記・紀」は、葛城氏が武内宿禰の子孫であると伝える。始祖は葛城襲津彦《そつひこ》。襲津彦は将軍として新羅に遠征するなど、ヤマト政権の外交を担当し、その縁から渡来人や大陸の文物を掌握して勢力を増大したとされる。

やがて葛城氏はヤマト政権で地位を高めていくが、その手段は大王家と姻戚関係を結ぶことだった。第十五代の応神天皇から第二十五代の武烈《ぶれつ》天皇までのうち、安康天皇を除く九代の天皇の母か妃が葛城氏の女性である。四世紀末から五世紀の天皇は葛城氏の助力を

系譜で見る葛城氏の興亡

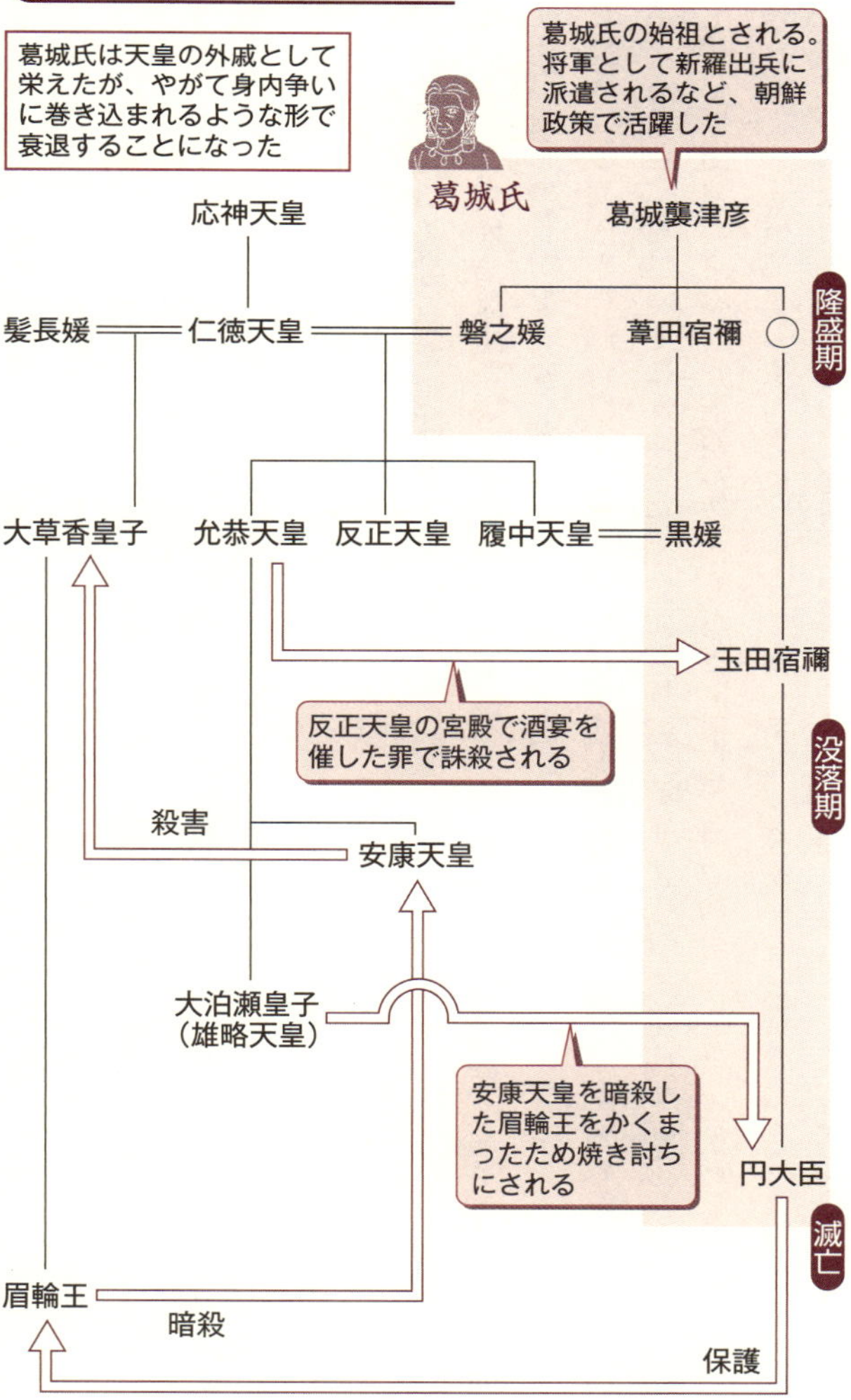
葛城氏は天皇の外戚として栄えたが、やがて身内争いに巻き込まれるような形で衰退することになった
葛城氏の始祖とされる。将軍として新羅出兵に派遣されるなど、朝鮮政策で活躍した
葛城氏
応神天皇
葛城襲津彦
隆盛期
髪長媛
仁徳天皇
磐之媛
葦田宿禰
大草香皇子
允恭天皇
反正天皇
履中天皇
黒媛
玉田宿禰
反正天皇の宮殿で酒宴を催した罪で誅殺される
没落期
殺害
安康天皇
大泊瀬皇子
（雄略天皇）
安康天皇を暗殺した眉輪王をかくまったため焼き討ちにされる
円大臣
滅亡
眉輪王
暗殺
保護

得なければ地位を維持できないほど、葛城氏は大王家に深く入り込んでいた。

その隆盛ぶりは古墳をみるとよくわかる。葛城氏は墳丘の長さ二三八メートルの宮山《みややま》古墳を筆頭に、二〇〇メートル級の古墳を六基も築いているのである。

また、二〇〇五（平成十七）年には極楽寺《ごくらくじ》ヒビキ遺跡（御所市）から約二二五メートルもある、五世紀代では最大級の建物遺構が発見され、葛城氏の居館跡ではないかと大きな話題になった。

●「葛城王朝」が存在した可能性

こうしたことから歴史学者・民族学者の鳥越憲三郎氏は、著書『神々と天皇の間』（朝日新聞出版）のなかで、「葛城王朝説」を唱えている。

鳥越氏は、初代の神武天皇から開花《かいか》天皇に至る九代の天皇の宮や墓が葛城山周辺に集中していることに着目。そこから三輪山《みわやま》山麓を根拠地とする崇神《すじん》天皇の王朝より前に、葛城山山麓を根拠地とする別の王朝が存在したと主張したのである。

現在、この説はあまり支持されていないが、近年、極楽寺ヒビキ遺跡からもほど近い秋《あき》津《つ》遺跡で四世紀前半より前の祭祀《さいし》遺跡のようなものが発見されるなどしたため、葛城の地

極楽寺ヒビキ遺跡の建物遺構復元イメージ

極楽寺ヒビキ遺跡で発見された遺構をもとに想像された巨大建造物。葛城氏の居館跡とも考えられている（写真提供：橿原考古学研究所）

を見直そうとする動きもみられる。

●天皇家のいざこざに巻き込まれて衰退する

葛城氏の栄華は王家との関係を抜きにありえなかったわけだが、両者の蜜月《みつげつ》はいつまでも続かなかった。

あるとき、安康天皇を、連れ子の眉輪王が殺害するという事件が起こった。追われた眉輪王は葛城円《つぶら》の館に逃げ込んだが、安康天皇の弟（のちの雄略天皇）は館に放火し、ふたりを殺害。これ以降、葛城氏の勢力は衰退の一途をたどったのである。

天皇家との関係をテコにのし上がった葛城氏は、王家の内部のゴタゴタに巻き込まれて滅亡した。なんとも皮肉な顛末《てんまつ》である。

第五章
遣使後の日本

継体朝の成立

地方出身の天皇の即位と新たな時代の幕開け

●雄略天皇以降、次第に衰退した王権

雄略天皇は中央集権化を進め、専制体制を構築することに成功した。しかし、それは長くは続かなかった。雄略天皇の没後、清寧《せいねい》天皇・顕宗《けんぞう》天皇・仁賢《にんけん》天皇・武烈天皇と続くなか、王権は次第に衰退していったのである。

そして武烈天皇が世継ぎを残さず亡くなると、雄略天皇が即位前に兄弟や従兄弟のほぼすべてを手にかけていたこともあり、大和の大王家には目ぼしい皇位継承候補者がいなくなるという危機的状況に陥ってしまう。

そこで大伴金村や物部麁鹿火《あらかひ》らを中心に後継者探しに奔走した結果、越にいた応神《おうじん》天皇の五世孫《ごせいそん》、男大迹王《おおどのおう》に白羽の矢が立てられた。男大迹王はすでに五十七歳と高齢だったが、越を拠点に近江、美濃《みの》、尾張《おわり》などの豪族と婚姻関係を結んで幅広い人脈をもっており、勾大兄皇子《まがりのおおえのみこ》（のちの安閑《あんかん》天皇）や桧隈高田皇子《ひのくまのたかだのみこ》（のちの宣化《せんか》天皇）など後継者にも恵

まれていた。そうした点が評価され、担ぎ上げられたと考えられている。

●二〇年にわたり大和入りをしなかった理由

男大迹王は当初は即位を辞退したものの、大伴金村らに懇願《こんがん》されてついに承諾。仁賢《にんけん》天皇の皇女を皇后とし、王家に婿入りする形で迎え入れられた。そして五〇七年、河内の樟《くず》葉宮《はのみや》（大阪府枚方《ひらかた》市）で即位する。地方出身で、応神天皇の五世孫という異例の出自をもつ天皇の誕生である。

●継体天皇の出自

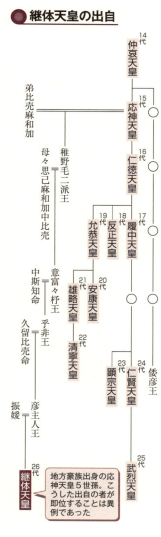

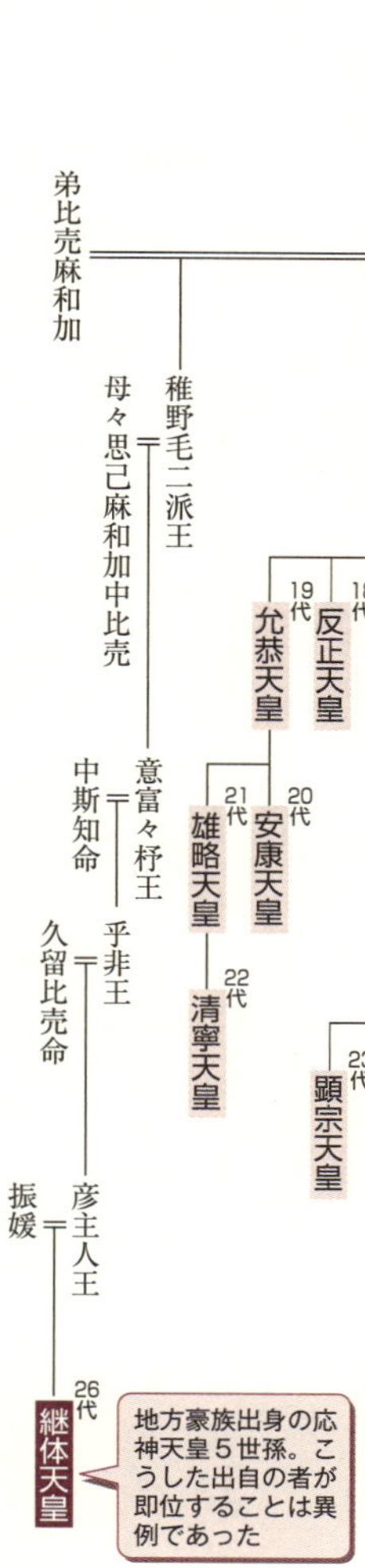

ところがその後、継体天皇は大和に入らず、山背の筒城宮《つつきのみや》（京都府京田辺市《きょうたなべ》）、弟国宮《おとくにのみや》（京都府長岡京市《ながおかきょう》）を転々とする。ようやく大和に入ったのは五二六年のことで、即位から二〇年近い歳月がすぎていた。

なぜ、継体天皇はそれほど長い期間、大和入りしなかったのか。その理由として、かつては継体天皇がヤマト政権の略奪者だからではないかといわれてきた。

継体天皇陵とされる今城塚《いましろづか》古墳は、それまでの天皇陵があった大和南部ではなく北部に築かれている。また、当時は継体天皇の出自がはっきりしていなかった。そうしたことから、継体天皇が前の王朝を倒して、新王朝を樹立したではないかと考えられたのだ。

しかし近年、『日本書紀』より古い『上宮記《じょうぐうき》』において、応神天皇から継体天皇までの系譜が確認され、継体天皇の出自が明らかになり、簒奪《さんだつ》による王朝交替はなかったとの見方が優勢になっている。

大和入りに二〇年も要した理由としては、継体天皇の元々の勢力圏である近江に近い場所に宮を築きたかったからとか、反大伴派の大和の豪族たちの反発が強かったからといった説が唱えられている。真相ははっきりしないが、いずれにせよ、継体天皇が大和入りしたことによって、新しい時代が幕を開けたことは確かである。

20年かかった大和入り

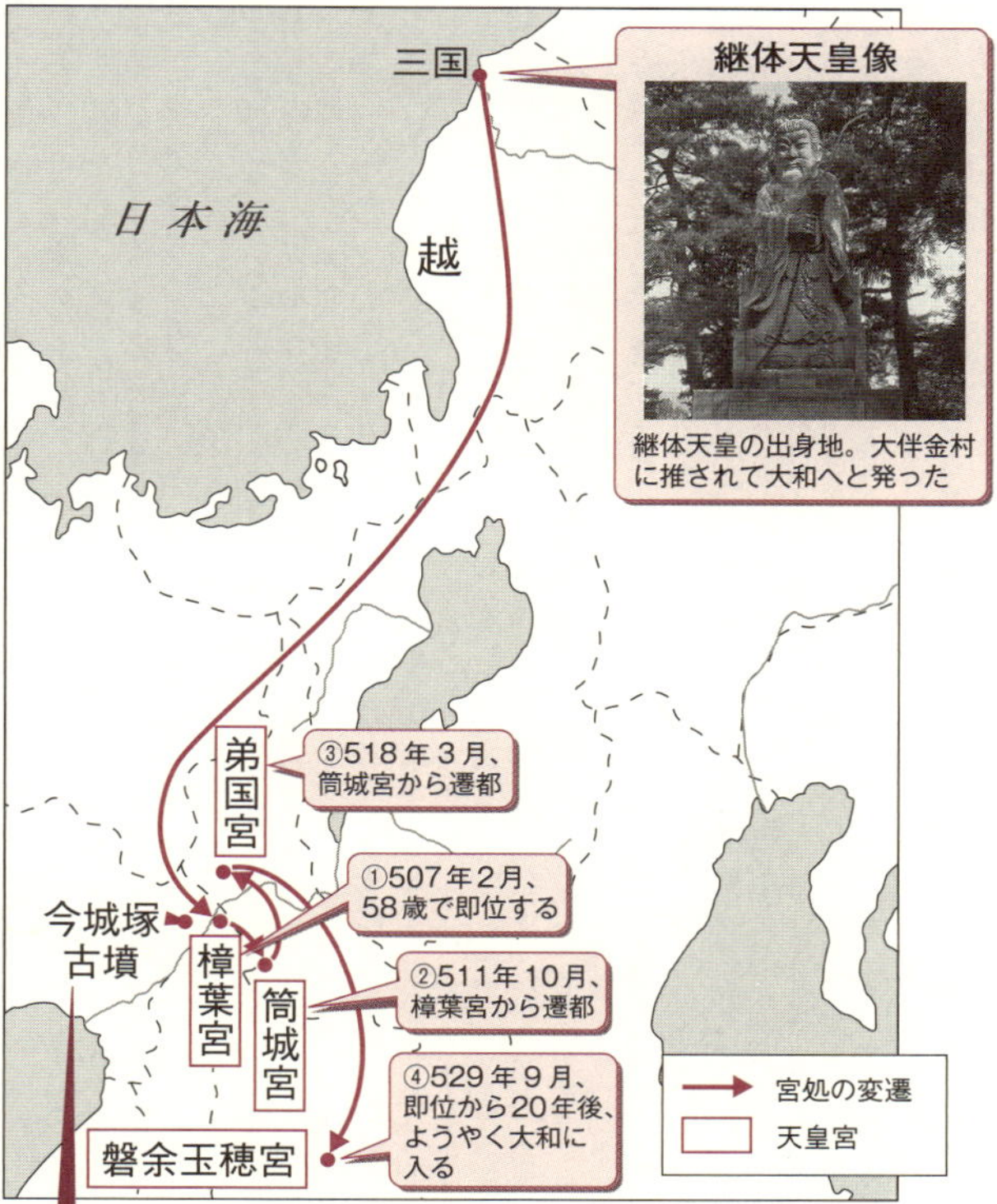
継体天皇像
継体天皇の出身地。大伴金村に推されて大和へと発った
三国
日本海
越
弟国宮
③518年3月、筒城宮から遷都
①507年2月、58歳で即位する
今城塚古墳
樟葉宮
筒城宮
②511年10月、樟葉宮から遷都
④529年9月、即位から20年後、ようやく大和に入る
磐余玉穂宮
宮処の変遷
天皇宮

今城塚古墳

継体天皇陵に比定される前方後円墳

【主な参考文献】

『古代史の謎大全』『出雲の謎大全』瀧音能之、『図説地図とあらすじでわかる！ 日本書紀と古代天皇』『図説日本人の起源をたどる！ 伊勢神宮と出雲大社』瀧音能之監、『図説地図とあらすじでわかる！古事記と日本書紀』坂本勝監（青春出版社）／『王権誕生　日本の歴史02』寺沢薫、『大王から天皇へ　日本の歴史03』熊谷公男、『伊勢神宮と出雲大社』新谷尚紀（講談社）／『古代日本外交史』廣瀬憲雄、『日本古代史　正解』大平裕（講談社）／『私の古代史（上）天皇とは何ものか』上田正昭、『天皇家の〝ふるさと〟日向をゆく』梅原猛（新潮社）／『全集日本の歴史第1巻　列島創世記』松木武彦（小学館）／『継体天皇と朝鮮半島の謎』水谷千秋（文藝春秋）／『渡来人とは何者だったか』武光誠（河出書房新社）／『倭国史の展開と東アジア』鈴木靖民編、『ヤマト王権』吉村武彦（岩波書店）／『兵器と戦術の日本史』金子堂規、『倭の五王』河内春人（中央公論新社）／『日本古代史の謎：総解説』井上辰雄ほか（自由国民社）／『古代史の謎』黛弘道監修（実業之日本社）／『古代史を読み直す』黒岩重吾、『図説 古事記の真実』瀧音能之（ＰＨＰ研究所）／『邪馬台国』藤井勝彦（新紀元社）／『騎馬民族は来なかった』佐原真（日本放送出版協会）／『古代天皇１０１の謎』松尾光編集、『よくわかる古代日本の全体像』木下正史、『総図解　よくわかる古代史』瀧音能之、『ここまでわかった！「古代」謎の4世紀』歴史読本編集部編（新人物往来社）／『古代豪族と武士の誕生』森公章、『日本の時代史2　倭国と東アジア』石上英一、『山辺の道』和田萃編、『史跡で読む日本の歴史2　古墳の時代』岸本直文編、『日本軍事史』高橋典幸ほか（吉川弘文館）／『ヤマト国家の成立』和田萃（文英堂）／『知識ゼロからの古墳入門』広瀬和雄（幻冬舎）／『最新トピックで歴史を見直す　日本史』河合敦監修（池田書店）／『東国の古墳と古代史』白石太一郎、『出雲の考古学と「出雲国風土記」』古代出雲王国の里推進協議会編、『ヤマト王権の成立』近江昌司編、『もう一度学び直す日本古代史の問題点』近江昌司（学生社）／『熊襲と隼人』井上辰雄（教育社）／『隼人の古代史』中村明蔵、『中国五千年』陳舜臣（平凡社）／『日本の古代史』武光誠（育鵬社）／『歴史群像シリーズ　古代天皇列伝』、『最新古代史論』、『図説　最新日本古代史』恵美善樹（学習研究社）／『古代出雲を知る事典』瀧音能之（東京堂出版）／『日出づる国の古代史』高城修三（現代書館）／『虚構の日本』張龍鶴（現代出版）／『倭の正体』姜吉云（三五館）／『古代日本の軍事航海史〈中巻〉』松枝正根（かや書房）／『対外関係史』森古己・沼田次郎編、『倭の五王』森公章（山川出版社）／『古代史の基礎知識』吉村武彦、『巨大古墳と伽耶文化』西嶋定生ほか（KADOKAWA）／『古墳時代の政治構造』広瀬和雄ほか（青木書店）／『磐井の乱と九州王朝』中河原喬、『倭の五王と二つの王家』前田晴人（同成社）／『古墳への旅』白石太一郎監（朝日新聞社）／『古代日向の国』日高正晴（日本放送出版協会）／『面白いほどよくわかる古代日本史』鈴木旭（日本文芸社）／『邪馬台国と倭の五王』日本アート・センター編（ぎょうせい）／『倭国通史』高橋通（原書房）／『倭の五王とはだれか』梅原猛ほか監（作品社）／『古代の豪族と社会』松尾光（笠間書院）／『謎の古代豪族葛城氏』平林章仁（祥伝社）／『天皇家の誕生』井上辰雄（遊子館）／『完全図解　日本の古代史』『日本の古代史　ヤマト王権』瀧音能之監、『図解　古墳に秘められた古代史の謎』大塚初重監（宝島社）／『別冊歴史REAL　古代史の謎』、『別冊歴史REAL　地形と地理で読み解く古代史』、『歴史REAL　天皇家をめぐる争乱の古代史』（洋泉社）／『歴史人別冊　古代史の謎』（KKベストセラーズ）

青春新書
INTELLIGENCE

こころ涌き立つ「知」の冒険

いまを生きる

〝青春新書〟は昭和三一年に――若い日に常にあなたの心の友として、その糧となり実になる多様な知恵が、生きる指標として勇気と力になり、すぐに役立つ――をモットーに創刊された。

そして昭和三八年、新しい時代の気運の中で、新書〝プレイブックス〟にその役目のバトンを渡した。「人生を自由自在に活動《プレイ》する」のキャッチコピーのもと――すべてのうっ積を吹きとばし、自由闊達な活動力を培養し、勇気と自信を生み出す最も楽しいシリーズ――となった。

いまや、私たちはバブル経済崩壊後の混沌とした価値観のただ中にいる。その価値観は常に未曾有の変貌を見せ、社会は少子高齢化し、地球規模の環境問題等は解決の兆しを見せない。私たちはあらゆる不安と懐疑に対峙している。

本シリーズ〝青春新書インテリジェンス〟はまさに、この時代の欲求によってプレイブックスから分化・刊行された。それは即ち、「心の中に自らの青春の輝きを失わない旺盛な知力、活力への欲求」に他ならない。応えるべきキャッチコピーは「こころ涌き立つ〝知〟の冒険」である。

予測のつかない時代にあって、一人ひとりの足元を照らし出すシリーズでありたいと願う。青春出版社は本年創業五〇周年を迎えた。これはひとえに長年に亘る多くの読者の熱いご支持の賜物である。社員一同深く感謝し、より一層世の中に希望と勇気の明るい光を放つ書籍を出版すべく、鋭意志すものである。

平成一七年

刊行者　小澤源太郎

監修者紹介

瀧音能之（たきおと よしゆき）

1953年北海道生まれ。現在、駒澤大学教授。日本古代史、特に『風土記』を基本史料とした地域史の研究を進めている。著書に『風土記から見る日本列島の古代史』（平凡社）、『封印された古代史の謎大全』『古代日本の実像をひもとく出雲の謎大全』（いずれも小社刊）ほか多数。

図説《ずせつ》　『日本書紀《にほんしょき》』と『宋書《そうじょ》』で読《よ》み解《と》く！

謎《なぞ》の四世紀《よんせいき》と倭《わ》の五王《ごおう》

青春新書 INTELLIGENCE

2018年8月15日　第1刷

監修者　瀧《たき》 音《おと》 能《よし》 之《ゆき》

発行者　小 澤 源 太 郎

責任編集　株式会社プライム涌光

電話　編集部　03(3203)2850

発行所　東京都新宿区若松町12番1号 〒162-0056　株式会社青春出版社

電話　営業部　03(3207)1916　振替番号　00190-7-98602

印刷・大日本印刷　製本・ナショナル製本

ISBN978-4-413-04548-3